Stellung & Finanzierung des deutschen Auslandsrundfunks

DW-Symposium März 2000
Dokumentation

D1618751

DW-Schriftenreihe
Band 2

VISTAS

Die Deutsche Bibliothek – CIP-Einheitsaufnahme

Stellung & Finanzierung des deutschen Auslandsrundfunks: Dokumentation
DW-Symposium März 2000 / [Hrsg.: Deutsche Welle, Red. (verantw.): Klaus-Jürgen
Lange]. - Berlin : VISTAS, 2000
   (DW-Schriftenreihe; Bd. 2)
   ISBN 3-89158-291-9

Herausgeber:
DEUTSCHE WELLE
50588 Köln

DW-Schriftenreihe; Band 2

Redaktion (verantw.):
Dr. Klaus-Jürgen Lange (Justitiariat)
Koordination:
DW-Kommunikation
Tel.: 02 21 / 389-0
Fax: 02 21 / 389-25 10
E-Mail: info@dwelle.de
Internet: www.dwelle.de

Copyright © 2000 by
DEUTSCHE WELLE (DW), Köln

Verlag:
VISTAS Verlag GmbH
Goltzstraße 11
D-10781 Berlin
Tel.: 030 / 32 70 74 46
Fax: 030 / 32 70 74 55
E-Mail: medienverlag@vistas.de
Internet: www.vistas.de

Alle Rechte vorbehalten
ISSN 1439-8508
ISBN 3-89158-291-9

Umschlaggestaltung, Satz und Layout: TYPOLINE – Karsten Lange, Berlin
Druck: Bosch-Druck, Landshut
Produktion: VISTAS media production, Berlin

Inhalt

Dieter Weirich, DW-Intendant
Begrüßung und Eröffnung
7

Prof. Dr. Herbert Bethge, Universität Passau
Budgetrecht contra Rundfunkfreiheit
11

Prof. Dr. Dieter Dörr, Universität Mainz
Auslandsrundfunk contra Rundfunkfreiheit
21

Prof. Dr. Reinhart Ricker M. A., Universität Mainz
Deutsches Auslandsfernsehen – eine Aufgabe der Landesrundfunkanstalten?
31

Diskussion der Referate
Moderation: *Prof. Dr. Bernd Holznagel LL. M.*, Universität Münster
43

Finanzierungsalternativen für den Auslandsrundfunk
Podiumsdiskussion
Teilnehmer: *Prof. Dr. Bernd Holznagel LL. M.*, *Prof Dr. Reinhart Ricker M. A.*
Moderation: *Prof. Dr. Dieter Dörr*
55

Der Finanzbedarf der DW
Podiumsdiskussion
Teilnehmer: *Prof. Dr. Hartmut Schiedermair*, Universität zu Köln,
Prof. Dr. Dr. Udo Di Fabio, Universität München
Moderation: *Prof. Dr. Dieter Dörr*
73

Prof. Dr. Dieter Dörr
Zusammenfassung der Ergebnisse
93

Die Referenten
97

Dieter Weirich, DW-Intendant

Begrüßung und Eröffnung

Meine sehr verehrten Damen und Herren, liebe Gäste,
als Gastgeber des heutigen Symposiums „Stellung und Finanzierung des Auslandsrundfunks" begrüße ich Sie im Funkhaus der DW. Mein besonderer Willkommensgruß
gilt den Referenten unserer Veranstaltung. Ich weiß, dass Professoren völlig uneitel
sind, aber dennoch begrüße ich sie aus Sicherheitsgründen in alphabetischer Reihen-
folge.

Ich heiße herzlich willkommen Professor Bethge aus Passau, Professor Di Fabio
aus München, Professor Dörr aus Mainz, der zugleich für den Ablauf des Symposiums
verantwortlich zeichnet, Professor Holznagel aus Münster, Professor Ricker aus Mainz
und Professor Schiedermair aus Köln.

Wir veranstalten von Zeit zu Zeit Diskussionen und Symposien. In ihrer Thematik
sind diese Veranstaltungen auf der Basis des Programmauftrages in der Regel auf
aktuelle Entwicklungen im Ausland ausgerichtet. Das heutige Symposium ist insoweit
ein Novum, als dass die DW sich mit sich selbst befasst.

Wir sind seit der bundesgesetzlichen Einrichtung als Anstalt des öffentlichen Rechts
mit einem eigenständigen Rundfunkauftrag ausgestaltet. Die im Hinblick auf die grundrechtlichen Anforderungen einer Rundfunkanstalt unabdingbaren Voraussetzungen
wurden mit der Gesetzesänderung im Jahre 1993 eingeleitet und durch das neue DW-
Gesetz vier Jahre später vollendet. Professor Dörr wird in seinem Vortrag Einzelheiten
der Entwicklungen darstellen und zur Geltung der Rundfunkfreiheit für die DW aus
seiner Sicht Stellung nehmen. Wir sind darauf gespannt.

Die Finanzierung der DW war im vergangenen Jahr Gegenstand heftiger Ausein-
andersetzungen, wie Sie alle mitbekommen haben. Wer will es dem Intendanten der
DW verdenken, wenn er bei einem Kürzungsvolumen von ca. 80 Millionen Mark bis
zum Jahre 2003 und bei fünf unterschiedlichen Etatdurchsagen eines einzigen Jahres
den Weg in die Öffentlichkeit geht? Bei einer solch existentiellen Frage halte ich
auch insbesondere zum Schutz der Beschäftigten und dem Erhalt ihrer Arbeitsplätze
einen solchen Schritt für zwingend und unausweichlich. Von der im Gesetz der DW
zugestandenen Finanzierungsgarantie kann auf Grund der jüngsten Entwicklung, das
müssen wir ganz nüchtern feststellen, keine Rede mehr sein. Alle hier Anwesenden
werden in den Medien die Auseinandersetzung verfolgt haben. Ich möchte jedoch
ausdrücklich betonen, dass es nicht unsere Absicht ist, mit der Veranstaltung nach-

zukarten und rückwärts gerichtet das Jahr 1999 aufzuarbeiten; dafür müssten wir ohnehin mehrere Wochen in Klausur gehen. Die von uns vorgelegte Chronologie sowie die kompakte Presseschau aus der damaligen Zeit vermitteln die Schwerpunkte dieser Diskussion in der Medienöffentlichkeit ausreichend. Mit dem heutigen Symposium wollen wir uns sehr grundsätzlich der Finanzierungsfrage in der Zukunft zuwenden.

Wenn sich die DW auf Grund der bestehenden gesetzlichen Grundlage auch aus sonstigen Einnahmen finanzieren kann, so machen doch die jährlichen Zuschüsse des Bundes den Löwenanteil der – oder sagen wir fast ausschließlich die – Gesamtfinanzierung aus. Der Gesetzgeber hat den Vorrang der Finanzierung der DW aus dem Bundeshaushalt mit der Übertragung wesentlicher Bestimmungen aus dem Haushaltsrecht des Bundes an das DW-Gesetz gekoppelt. Damit ist der Konflikt – und das wird das zentrale Thema des heutigen Tages sein – zwischen dem Budgetrecht einerseits und der der Rundfunkfreiheit verpflichteten DW andererseits vorprogrammiert. Professor Bethge wird dieses Spannungsverhältnis in seinem Vortrag ausleuchten.

Mit der öffentlichen Diskussion der Haushaltskürzungen bei der Deutschen Welle wurde auch die engere Zusammenarbeit mit ARD und ZDF wieder entdeckt. Dies ist kein neuer, aber ein unverändert wichtiger Vorschlag, den ich bereits 1993 – wie Sie wissen – in die Diskussion eingebracht habe. Vorreiter meines damaligen Vorstoßes war das französische Modell, das vorsieht, dass Informationssendungen dem Auslandsrundfunk kostenlos vom Inlandsrundfunk zur Verfügung gestellt werden. Die DW ist gesetzlich ausdrücklich zur Zusammenarbeit mit den Inlandsrundfunkanstalten verpflichtet. Wenn auch der Anlauf scheiterte, eine vergleichbare Regelung für die Inlandsrundfunkanstalten festzulegen, sehe ich keinen Hinderungsgrund für weitere Vereinbarungen. Professor Ricker wird in seinem Vortrag die Aufgabe der Landesrundfunkanstalten beim Auslandsfernsehen zum Gegenstand seiner Ausführungen machen. Auch die erste Podiumsdiskussion, an der Professor Holznagel neben Herrn Professor Ricker teilnehmen wird, befasst sich mit dieser Thematik.

Eine wesentliche Rolle bei der Finanzierung spielt der Finanzierungsbedarf. Alle Rundfunkteilnehmer kennen die in einem Vierjahresrhythmus auftretende Diskussion anlässlich der Erhöhung der Rundfunkgebühren, die man bisweilen mit dem Brotpreis verglichen hat. Das Bundesverfassungsgericht hat im Februar 1994 eindeutig den staatlichen Organen ihre Grenzen bei der Festlegung der Rundfunkgebühren aufgezeigt. Den Rundfunkanstalten stehen die zur Erfüllung ihres Auftrages erforderlichen Mittel danach ebenso zu, wie mögliche Einflussnahmen des Staates auf die Programmgestaltung mittels der Gebührenfestsetzung ausgeschlossen sind. Die Länder haben für die Gebührenfinanzierung der Rundfunkanstalten zwischenzeitlich die Schlussfolgerungen aus dem Urteil gezogen und entsprechende Regelungen erlassen. Die Grundsätze des Bundesverfassungsgerichtes müssen jedenfalls unserer Auffassung nach auch für die DW gelten. In beiden Fällen geht es um das grundsätzliche strukturelle Dilemma: Programmentscheidungen haben finanzielle Voraussetzungen, Finanzentscheidungen haben programmliche Konsequenzen. Ich sehe insoweit keinen Unterschied zwischen dem gebühren- und steuerfinanzierten Rundfunk. In der zweiten Podiumsdiskussion am heutigen Nachmittag werden Professor Schiedermair und Professor Di Fabio sich mit diesem Themenbereich beschäftigen. Herr Professor Schiedermair kann hierbei zugleich seine Erfahrungen aus der Kommission zur Ermittlung des Finanzbedarfs einbringen, der er in den Jahren 1980 bis 1989 angehörte.

Mit dem neuen DW-Gesetz von 1997 ist zwar erstmals in der Geschichte der Deutschen Welle eine selbständige Finanzierungsregelung geschaffen worden. Unsere damalige Forderung nach einer Globalfinanzierung stieß nicht auf die Zustimmung der Mehrheit in den gesetzgebenden Körperschaften, wurde aber von den damaligen Oppositionsparteien unterstützt. Wir halten an unserer Auffassung fest und würden es außerordentlich begrüßen, wenn die damaligen Oppositionsparteien, die inzwischen in einer anderen Rolle sind, sich daran erinnern, was sie seinerzeit gesagt haben. Wir erhoffen uns von der heutigen Veranstaltung Anstöße und Anregungen für eine zukünftige Verfahrensregelung für die Zuschussfinanzierung des Bundes. Die derzeitige gesetzliche Regelung hat sich aufgrund der gemachten Erfahrungen jedenfalls als nicht ausreichend erwiesen. Es fehlt insbesondere eine gegenseitige Verzahnung der einzelnen Entscheidungen und eine mittelfristige Programmplanungssicherheit. Unter Berücksichtigung der Ergebnisse dieses Symposiums werden wir dann einen Gesetzentwurf vorbereiten und vorlegen.

Ich eröffne damit das Symposium, wünsche uns allen interessante Ausführungen der Referenten und anregende Diskussionen sowie der Veranstaltung insgesamt einen guten Verlauf.

Prof. Dr. Dieter Dörr, Universität Mainz
Ich möchte nunmehr das Wort an Herrn Bethge weitergeben. Wir sind alle erpicht darauf, Genaueres darüber zu erfahren, wie es sich mit der Rundfunkfreiheit im Spannungsverhältnis zur Haushaltsautonomie tatsächlich verhält.

Prof. Dr. Herbert Bethge, Universität Passau

Budgetrecht contra Rundfunkfreiheit[*]

I. Ich bin eingeladen worden, über das Thema Budgetrecht contra Rundfunkfreiheit zu sprechen. Das mache ich sehr gerne. Der Titel meines Vortrags signalisiert einen möglichen Konflikt zwischen Budgetrecht und Rundfunkfreiheit. Unter gewöhnlichen Umständen scheint eine Kollision von staatlichem Haushaltsrecht mit Freiheitsrechten wenig plausibel, wenn man sich einmal an die Grundsätze des Staatsrechts erinnert. Das Etatrecht ist Sache des Parlaments, der Haushaltsplan berechtigt und verpflichtet die Regierung. Außenwirkung kommt dem Haushaltsgesetz als einem Organgesetz nicht zu. Demgegenüber sind Freiheitsrechte in erster Linie Abwehrrechte gegen den Staat. Von daher erscheinen Budgetrecht und Freiheitsrecht wenig Berührungspunkte zu haben, geschweige denn Konfliktflächen aufzuweisen. Freilich ist nicht von einem gewöhnlichen Freiheitsrecht die Rede, denn zur Debatte steht die Rundfunkfreiheit, die eine besondere Kategorie von nicht natürlicher, aber geprägter Freiheit darstellt und die – das ist wohl im Grundsatz unbestritten – auf staatliches Zutun angewiesen ist. Das gilt vor allen Dingen dann, wenn Träger dieser Rundfunkfreiheit eine staatsgegründete juristische Person des öffentlichen Rechts – wie die Deutsche Welle – ist, deren Programmfunktion aus Haushaltsmitteln des Staates finanziert wird. Unter diesen Vorzeichen ist in Zeiten leerer Staatskassen und der Verwaltung des Mangels der potentielle Konflikt zwischen Budgetrecht und Rundfunkfreiheit sehr wohl vorprogrammiert.

II. Die Frage ist natürlich: Ist die Deutsche Welle denn überhaupt Inhaberin des Grundrechts der Rundfunkfreiheit? Als ich mich auf diesen Vortrag vorbereitete, dachte ich: Das ist eine der Angelegenheiten, die gegessen sind, die letzten Endes Ergebnis einer 30 bis 35 Jahre langen Diskussion und Rechtsprechung sind, die letztere allerdings namentlich zu den Landesrundfunkanstalten. Man braucht doch nur die Parallelwertung in der Laiensphäre – na ja, das ist eigentlich strafrechtlich, aber trotzdem – man braucht nur die Parallelwertung in der Sphäre der Auslandsanstalt, die vom Bund getragen ist, zu ziehen; aber dieser Eindruck trog. Auf der anderen Seite: Wer ist heute in einer gewissen vulgarisierenden Betrachtungsweise nicht alles Trägerin der Rundfunkfreiheit? Da werden Positionen angeboten, die zu einer sehr großen Ausweitung des Spektrums der möglichen Inhaber führen.

---

[*] Der Vortrag ist um Gliederungspunkte erweitert.

1. Es ist weiter die Vorfrage: Braucht man überhaupt diese Überlegungen? Muss man eigentlich das Verfassungsrecht bemühen? Handelt es sich dabei nicht um eine bequeme und vorschnelle Flucht ins Verfassungsrecht, um den einfach-rechtlichen Vorgaben zu entgehen? Das stimmt bis zu einem gewissen Grade, weil zunächst einmal zum Handwerkszeug des Juristen gehört, die Möglich-keiten des einfachen Gesetzesrechts abzuklopfen. Übrigens: Einfaches Recht heißt nicht simples Recht, sondern signalisiert die Normen-hierarchische Stufe der Rechtsordnung, es belegt also die nicht sofort verfassungsrangige Qualität des Gesetzes für die Deutsche Welle. In der Tat ist es eine Gefahr, dass Staats-rechtler sofort ins Verfassungsrecht abtauchen oder sich hinaufbegeben, das ja für voluntaristische Auslegungen einigermaßen empfänglich ist. Man hat zur Kenntnis zu nehmen, dass der Gesetzgeber selber der Deutschen Welle schon das Recht der Selbstverwaltung eingeräumt, eine Finanzierungsgarantie aus-gesprochen und auch ihre Gemeinnützigkeit betont hat. Warum dann noch das Verfassungsrecht? Es ist ein erheblicher Unterschied, ob Ansprüche nur von einfachen Gesetzen eingeräumt worden sind, oder ob auch das Verfassungs-recht hier eine Grundlage darstellt. Einfache Gesetze sind abänderbar, das Ver-fassungsrecht unterliegt diesen Änderungsmöglichkeiten nicht in der gleichen Weise.

2. Es ist also doch wertvoll und nützlich, sich auf die verfassungsrechtliche An-seilung der Deutschen Welle zu besinnen. Diese liegt in der Tat in der Grund-rechtsträgerschaft. Sie ist aus Artikel 5 Abs. 1 Satz 2 Grundgesetz als Grund-rechtssubjekt zwar nicht wörtlich angesprochen, wohl aber durch diese Vorschrift begünstigt. Die Grundlagen dafür sind, dass die Deutsche Welle in deutlicher Distanz zur Staatsverwaltung in eigener Verantwortung Rundfunk veranstaltet. Das sind die maßgeblichen Kriterien.

   a) Nicht jedes rundfunkbezogene Engagement und nicht jedwede Sympathie mit dem elektronischen Medium reichen schon aus, um als Träger der Rundfunkfreiheit zu gelten. Maßgeblich sind eine Reihe von Kriterien, die – wie sollte es anders sein – vom Bundesverfassungsgericht mittlerweile herausgearbeitet worden sind. Diesen Kriterien genügt die Deutsche Welle. Sie ist Rundfunkveranstalterin; sie gestaltet Rundfunk in eigener Verant-wortung; sie genießt im Rahmen der Gesetze Programmautonomie. Diese Kombination von Rundfunkveranstaltung und Programmautonomie ist konstituierend für die Grundrechtsträgerschaft der Anstalt. Die öffentlich-rechtliche Struktur ändert daran nichts. Das sind nun wirklich die negativen Erfahrungswerte aus der Diskussion um die Grundrechtsträgerschaft der öffentlich-rechtlichen Landesmedienanstalten, die darum keine Grundrechts-inhaber sein können, weil sie Rundfunk nicht selbst veranstalten, sondern – wiewohl staatsunabhängig – beaufsichtigen.

   b) In diesem Zusammenhang wird immer wieder der Einwand vorgetragen: Wie kann denn ein öffentlich-rechtliches Rechtssubjekt, das vom Staat geschaffen worden ist, Grundrechtsträgerin sein, schließlich könne doch die Anstalt vom Staat aufgelöst werden? Das ist ein unverwüstliches Totschlagargument. Sicherlich hat die Anstalt keinen Existenzgewährleistungsanspruch, aber solange sie besteht, hat sie einen Anspruch darauf, dass sie vom Staat mit den notwendigen Funktionsvoraussetzungen ausgestattet wird. Etwas anderes würde nur dann gelten, wenn die Deutsche Welle formell eine Dependance der Staatsverwaltung des Bundes wäre und wenn sie inhaltlich Staatsaufgaben wahrnähme. Das ist nicht der Fall. Die Deutsche Welle ressortiert nicht zur unmittelbaren und auch nicht zur mittelbaren Staatsverwaltung. Sie ist pluralistisch strukturiert, staatsdistanziert und nimmt mehr als nur einen bescheidenen ministerialfreien Raum wahr. Sie ist vor allen Dingen nicht inhaltlich Sprachrohr des Staates, sie betreibt keine regierungsamtliche Verlautbarungstätigkeit, sie ist keine Filiale staatlicher Selbstdarstellung und ihr obliegt auch nicht die nationalstaatliche Repräsentanz nach außen. Das klingt ein bisschen bombastisch – vor allem Letzteres – aber wer sich ein wenig in der Geschichte auskennt, weiß, dass damit eine Argumentationsmodalität angesprochen worden ist, die der Bund 1960 in Karlsruhe vortrug, als er sagte, er sei hierfür allein gesetzgebungsbefugt. Die Deutsche Welle ist also Medium und Faktor, Akteur eines staatsunabhängigen Kommunikationsprozesses, der vielleicht mit dem Meinungsbildungsprozess vergleichbar ist, wie er im staatsinternen Gefüge vorhanden ist und an dem gemeinnützige und private Veranstalter teilhaben.

c) Weitere Belege für die Begründung einer Grundrechtsinhaberschaft brauchen wir nicht. Wenn ich mir anschaue, was da noch geboten wird, sind das sogar gefährliche, sozusagen kontraproduktive Denkansätze.

aa) Unergiebig ist der Grundversorgungsauftrag der öffentlich-rechtlichen Rundfunkanstalten. Ich habe nichts gegen diesen Grundversorgungsauftrag, er ist ein seriöses Kriterium in der Rechtsprechung des Bundesverfassungsgerichts, er wird natürlich in einer gelenkten öffentlichen Diskussion planmäßig runtergeredet, er wird zu einem Nichtbegriff gemacht, der keine Abgrenzungsmöglichkeiten böte. Alles ist nicht richtig, alles ist sehr interessenorientiert. Man braucht für die Befindlichkeit der Deutschen Welle diesen Diskussionsansatz nicht, weil der Grundversorgungsauftrag seine spezifische Funktion in einer staatsinternen dualen Rundfunkordnung entwickelt. Grundversorgung ist dasjenige Korrektiv, das in einer dualen Rundfunkordnung den Privatfunk im System hält. Darauf ist die Deutsche Welle nicht bezogen. Ihr Auftrag ist staatsexterner Natur. Man braucht sich also, um ihre Grundrechtsträgerschaft auszuloten, nicht mit Grundversorgungsüberlegungen zu beschäftigen.

bb) Ausgesprochen überflüssig für die Begründung der Grundrechtsträgerschaft ist auch die Frage, ob die Deutsche Welle der Rundfunkfreiheit dient. Die Überlegung, ob und inwieweit die Deutsche Welle eine dienende Funktion innerhalb der Rundfunkordnung einnimmt, ist Folge ihrer Grundrechtsträgerschaft, nicht deren Voraussetzung. Das heißt, man darf die Frage, ob eine Rundfunkfreiheit dienender Natur ist, erst dann stellen, wenn man im Vorfeld die Frage der Grundrechtsträgerschaft behandelt und – wie ich meine – positiv beantwortet hat.

3. Ich gebe freilich zu, dass damit die dienende Funktion der Rundfunkfreiheit als Argumentationstopos noch nicht völlig vom Tisch ist.

   a) Zu prüfen ist nämlich, ob es wirklich so viel mit dieser Rundfunkfreiheit der Deutschen Welle auf sich hat. Interessant ist vor allem, ob diese Rundfunkfreiheit von der Substanz ist, die den Staat zu einem finanziellen Einstand verpflichtet und die ihm haushaltsrechtliche Restriktionen versagen darf. Ist nicht, so könnte man gegenhalten, auch und gerade eine öffentlich-rechtliche Anstalt dem Gemeinwohl verpflichtet? Muss sich nicht ihre Rundfunkfreiheit fiskalischen Sachzwängen, also Sparzwängen, beugen? Wenn man die Frage so stellt, dann kommt man in das Fahrwasser einer Betrachtungsweise, die auch sonst die Grundrechtsdogmatik der jetzigen Zeit prägt. Wir müssen feststellen, dass wir uns in einer grundrechtlichen Entwicklungsphase befinden, die man als Grundrechtsrezession bezeichnen könnte. Sie ist geprägt von einer Vorstellung, Freiheit müsse alle Mal von der Verpflichtung auf das Gemeinwohl her definiert werden. Dafür – für diese gefährliche Tendenz also – finden sich Hinweise zuhauf.

   b) In der Grundrechtsdogmatik der vergangenen Jahre wuchern geradezu dienende Gewährleistungen: Altruistische Verbürgungen, treuhänderische Positionen, fremdnützige Verhaltensweisen. Die Sprache ist verräterisch: Privatautonomie, Beliebigkeit, Willkür, Selbstbestimmung und sonstige begriffliche Parameter einer liberalen Grundrechtssicht der Abwehrrechte sind sozusagen negativ besetzt. Gemeinnutz, der bekanntlich vor Eigennutz geht, ist Trumpf. Verantwortung und Vernunft haben das Sagen. Ein bisschen Schuld an dieser Entwicklung hat auch das Bundesverfassungsgericht, das der Rundfunkfreiheit eine dienende Funktion beimisst und das natürlich von den Verfechtern dieser am Gemeinwohl ausgerichteten Grundrechtssicht genüsslich herangezogen wird.

   c) Ebenso Missverständnissen anfällig ist eine andere Passage des Bundesverfassungsgerichts, in der es heißt, die Rundfunkfreiheit sei ihrem Inhaber nicht zum Zwecke eigener Interessenverfolgung eingeräumt. Handele es sich gar – so könnte man weiter folgern – um eine aus Haushaltsmitteln finanzierte öffentlich-rechtliche Anstalt, scheint deren Ausrichtung am Gemeinwohl und namentlich an der finanziellen Mangelsituation des Bundes unausweichlich. Demgegenüber ist festzuhalten: Freiheitsrechte sind zwar nicht schrankenlos, doch haben sie keine dienende oder sonst wie altruistische Funktion. Sie stehen mit eigener Logik für sich selber. Sie stehen nicht unter einem generellen Gemeinwohlvorbehalt. Wenn gleichwohl der Rundfunkfreiheit eine dienende Funktion attestiert wird, dann gilt dies nur für bestimmte Bezüge und mit begrenzten Konsequenzen, die nicht verallgemeinert werden dürfen. Einmal ist der Rundfunk Akteur des Meinungsbildungsprozesses, der für die demokratische Grundordnung schlechthin konstituierend ist. Wenn man so will: Die Rundfunkfreiheit dient der Demokratie. Damit kann man leben. Zum zweiten ist eine öffentlich-rechtliche Anstalt selbstverständlich auf ihren Programmauftrag fixiert. Sie hat ihrem Funktionsauftrag gerecht zu werden. Das lässt sich sehr wohl als dienende Funktion begreifen. Die Frage ist: Brauchen wir eigentlich die Gesetzesorientierung einer Rundfunkanstalt mit solchen aufwendigen Begriffen zu verkleiden?

Auf der anderen Seite dient die Rundfunkfreiheit öffentlich-rechtlicher Anstalten nicht dem Staat und nicht seinen finanziellen Kapazitäten, Ressourcen und Problemen. Vielmehr hat der Staat die öffentlich-rechtliche Rundfunkanstalt mit den Möglichkeiten auszustatten, die sie zur Erfüllung ihres Programmauftrags benötigt.

III. Hat die Deutsche Welle nun eine Finanzierungsgarantie? Kann sie aus Artikel 5 Abs. 1 einen Anspruch auf funktionsgerechte Finanzierung geltend machen? Ich meine, ja.

1. Die finanzielle Gewährleistung ist einmal schon einfachrechtlich im Gesetz geregelt. Eine Funktionsgarantie bzw. eine Finanzgarantie ist der Deutschen Welle zugewiesen. Das lässt sich aber auch von Verfassungswegen sagen, weil Artikel 5 Abs. 1 Satz 2 Grundgesetz für öffentlich-rechtliche Rundfunkanstalten, seien sie nun landesrechtlicher Provenienz oder seien sie auf eine besondere verfassungsrechtliche Kompetenz des Bundes – Artikel 73 Nummer 1 – gegründet, zugleich eine Finanzierungsgarantie gebietet bzw. dieser Anstalt daraus einen öffentlich-rechtlichen Anspruch vermittelt. Das klingt unheimlich revolutionär oder umstürzend, ist aber eigentlich seit dreißig Jahren, ich will nicht sagen akzeptierte, aber doch wohl eine fundierte Lehrmeinung, die in Köln, jetzt wissenschaftsgeographisch gesehen, entwickelt worden ist und in Karlsruhe mittlerweile eifrige Verfechter gefunden hat. Dass die Karlsruher Richter nicht sehr zitierfreudig sind, ist eine andere Angelegenheit; aber das ist nun mal das Schicksal von Gerichten, die über sich den blauen Himmel der Irrevisibilität zu haben meinen. Zurück zu dieser Kölner Sicht. Es ist schon vor dreißig Jahren erarbeitet worden, dass Rundfunkfreiheit nicht nur als ein staatliches Abwehrrecht gesehen werden darf, Rundfunkfreiheit ist vielmehr eine Angelegenheit, die wesentlich vom Gesetzgeber umgesetzt werden muss; es besteht ein Organisations- und Verfahrensvorbehalt. Was die Struktur der öffentlich-rechtlichen Anstalten angeht, kann Rundfunkfreiheit nur in dieser Gesamtheit von freiheitlichem Aktionsraum einerseits und staatlicher Verantwortung andererseits gesehen werden. Dabei hat auch der Staat eine ambivalente Rolle. Er ist nicht

eigentlich der typische Grundrechtswidersacher, sondern vor allen Dingen der Grundrechtsgarant. Rundfunkfreiheit bedingt daher zumindest bei öffentlich-rechtlicher Struktur eine staatliche Funktionsverantwortung, und daraus resultiert eine Gewährleistungspflicht des Staates, die zu einem Finanzierungsanspruch der Rundfunkanstalt führt.

2. Was ist der Inhalt dieses Anspruchs? Selbstverständlich kann daraus kein numerisch begrenzter Anspruch mit fixen Ziffern abgeleitet werden. Auch dient dieser Anspruch, wenn man ihn auf seine verfassungsrechtlichen Grundlagen zurückführt, nicht einer bestimmten Finanzierungsart. Das kann vom Staat, in diesem Fall vom Bund, mit Haushaltsmitteln gemacht werden, und insofern ist es vielleicht sogar noch tolerabel, dass in der Kommentierung zu den Gesetzen gesagt wird, auf eine bestimmte Höhe aus Haushaltsmitteln hat die Anstalt keinen Anspruch. Nur – der Anspruch geht überhaupt darauf, dass sie funktionsgerecht finanziert wird, mit welchen legalen Mitteln auch immer. Der Staat darf sich aber nicht auf die Position zurückziehen, dass er sagt, wenn nur wenig Geld vorhanden ist, dann bestimme ich, wie viel ihr haben dürft.

a) Bei dieser Sachlage warne ich auch vor einem Vergleich der Befindlichkeit der Deutschen Welle und ihres Anspruchs auf funktionsgerechte Finanzierung mit der Figur der so genannten derivativen Teilhaberechte. Um diesen Argumentationstopos ist es in der letzten Zeit ein bisschen still geworden. Vor 25 Jahren hatte er seine Hochzeit. Für Teilhaberechte, die auf positive Leistungen des Staates angelegt sind, gilt die These: Sie können zwar geltend gemacht werden, wenn Mittel vorhanden sind. Ist kein Geld vorhanden, dann stoßen die Teilhaberechte auf ihre natürlichen Grenzen. Wo nichts ist, kann auch nichts verteilt werden. Grundrechtsästheten mögen diese Teilhaberechte nicht, weil sie nicht „self-executing" sind, weil sie eben schlichte Maßgabegrundrechte sind, weil vor allem ihre Realisierung Sache des einfachen Gesetzgebers ist. Also alles Dinge, die der echte Grundrechtsinterpret gar nicht so mag.

b) In der Tat: Mit dieser Sache haben wir nichts zu tun. Der Finanzierungsanspruch einer Rundfunkanstalt resultiert aus Artikel 5 Abs. 1 Satz 2 und geht auf Alimentierung durch den Staat. Das ist eine besondere Verdichtung, die nicht mit jener allgemeinen Situation der derivativen Teilhaberechte vergleichbar ist. Es wäre also falsch zu sagen, wir gestehen zwar einer Rundfunkanstalt das Recht zu, gegen den Staat Finanzierungsansprüche geltend zu machen, aber das steht unter dem Vorbehalt des Möglichen. Was möglich ist, bestimmt in letzter Konsequenz der Staat und nicht andere Akteure. Diese Argumentation oder ähnliche Ansätze greifen nicht.

3. In diesem Zusammenhang möchte ich noch einen zweiten Hinweis geben.

a) Wenn man sich die Diskussion der vergangenen Jahre um die Deutsche Welle anschaut und wenn man das Gesetz einmal abklopft, dann besteht in

Sachen Finanzierung ein erheblicher Nachbesserungsbedarf. Was bedeutet das?

Rundfunkfreiheit ist ein Organisationsproblem. Rundfunkfreiheit lässt sich, wie ich schon mehrfach betonte, nicht in ihrer staatsabwehrenden Position voll erfassen. Sie ist darauf angelegt, vom Gesetzgeber umgesetzt zu werden. Der Gesetzgeber hat für organisationsrechtliche und verfahrensrechtliche Vorkehrungen zu sorgen, so dass Rundfunkfreiheit überhaupt stattfinden kann. Das gilt vor allen Dingen dann, wenn es sich um öffentlich-rechtliche Anstalten handelt, die ohne gesetzgeberischen Akt gar nicht existieren können. Insoweit also hat der Gesetzgeber die Aufgabe, schon im Gesetz selber die wesentlichen grundrechtsrelevanten Fragen der Finanzierung zu regeln. Selbstverständlich kommt an dieser Stelle immer der Hinweis darauf: Wie klappt das eigentlich? Auf der einen Seite soll der Rundfunk – auch der öffentlich-rechtliche – staatsfrei sein. Auf der anderen Seite aber schreit er nach dem Staat, nicht nur aus finanziellen Gründen, sondern auch danach, dass überhaupt ein Gerüst zur Verfügung gestellt wird. Diese Ambivalenz oder Janusköpfigkeit kennen wir auch aus dem Recht der Landesrundfunkanstalten. Die Staatsfreiheit des Rundfunks bedeutet, dass der Staat sich aus programmrelevanten Bereichen bzw. aus finanziellen – also mittelbar programmrelevanten Bereichen – herauszuhalten hat. Er hat aber andererseits über den Parlamentsvorbehalt ein Instrumentarium zu liefern, das diese Staatsfreiheit überhaupt erst machbar macht.

b) Das ist eine sehr schwierige Sache. Aber Sie brauchen nur das Gebührenurteil des Bundesverfassungsgerichts zu lesen, das sich mit diesen Fragen beschäftigt. Das bedeutet für unsere Problematik, dass im Gesetz Vorschriften erforderlich sind, die sichern, dass die Rundfunkanstalt Finanzmittel ausreichender Art bekommt, die sichern, dass nicht hier das staatliche Etatrecht benutzt wird, um mittelbar Einfluss auf die Programmveranstaltung zu nehmen, die sichern, dass die Rundfunkanstalt selber ihre programmrelevanten Maßnahmen treffen kann; das schließt auch personelle Möglichkeiten mit ein. Vor allem aber ist darauf Bedacht zu nehmen, dass die Haushaltsmöglichkeiten des Bundes nicht benutzt werden, um die Rundfunkfreiheit zu gängeln.

IV. Ich möchte noch einige Überlegungen zu prozessualen Fragen anstellen. Selbstverständlich ist es immer ein wenig problematisch. Soll man, wenn man diese materiellen Ansprüche dargelegt hat, sofort mit den verfahrensrechtlichen prozessualen Dingen kommen? Passt das in die Landschaft? Auf der anderen Seite: Was nutzt die schönste materielle Rechtsposition, wenn sie nicht im äußersten Fall einklagbar ist? Umgekehrt ist es durchaus förderlich, wenn sich die politisch Verantwortlichen bewusst sind, dass sie nicht nur die großen Geldgeber sind, sondern dass sie Rechtspositionen bedienen, aus denen auch Ansprüche geltend gemacht werden können. Im Einzelnen ist das eine etwas komplizierte Abgrenzung zwischen

Verwaltungs- und Verfassungsgerichtsbarkeit. Die Scheidelinie ist die folgende: Wenn und weil Maßnahmen dieser Art, seien es konkrete Haushaltszuweisungen, seien es gesetzliche Verbesserungen, immer auf Entscheidungen des Gesetzgebers angewiesen sind, sind solche Dinge der Verwaltungsgerichtsbarkeit entzogen, bleibt nur das Bundesverfassungsgericht. Das befindet wiederum nicht nach Generalklauseln, sondern nach dem Enumerationsprinzip. Insoweit bleibt nur die Verfassungsbeschwerde, die – insoweit schließt sich der Kreis – die Grundrechtsträgerschaft des Beschwerdeführers voraussetzt. Das müsste im einzelnen noch durchdacht werden. An dieser Stelle ist wichtig und es genügt auch der Hinweis, dass die Rundfunkfreiheit ohne prozessuale Schutzmöglichkeiten nicht besteht.

V. Eine letzte Bemerkung:

Wenn man sich die Landschaft ansieht, hat man manchmal den Eindruck, als sei die Deutsche Welle noch nicht zu Hause im Kreis der deutschen Rundfunkanstalten angekommen. Das ist sie aber. Aus dem bloßen Auslandsbezug allein kann man nicht ableiten, dass sie eine frei schwebende Institution sei, die – wenn überhaupt – die deutsche Rechtsordnung nur dann trifft, wenn der Staat – das Parlament oder der Gesetzgeber – für oder gegen sie vorgeht. Sie ist eine Institution, die sich auf deutsches Recht und auf deutsches Verfassungsrecht stützen kann und mit all diesen Vorzügen und auch Nachteilen ausgestattet sein muss. Dass sie eine Bundesrundfunkanstalt ist, ist unerheblich. Das ist nur von Bedeutung für die Frage, ob der Bund überhaupt eine Gesetzgebungskompetenz hat. Aber was die grundrechtlichen Absicherungen angeht, liegen die Dinge gleich. Der Deutschlandfunk war früher auch eine Bundesrundfunkanstalt und hat sicherlich durch seine Überführung in die Landeskompetenz eine andere kompetenzrechtliche Absicherung erfahren. Aber Artikel 5 Grundgesetz mit all seinen Möglichkeiten ist davon unbeeinflusst geblieben. Das heißt: Vor dem Hintergrund der Grundrechtsträgerschaft muss der Staat in Finanzierungsdingen vorsichtiger, nämlich rundfunkanstaltsfreundlicher sein. Der Gesetzgeber ist aufgerufen, für angemessene prozedurale Formen der Finanzierung zu sorgen, die sich nicht nur in einer bloßen Haushaltsmittelzuweisung erschöpfen.

Wenn man die Diskussionen verfolgt, hat man manchmal den Eindruck, als wäre die Deutsche Welle so eine Art Minderkaufmann für den Bund. Indessen: Minderkaufleute sind eine Kategorie des vergangenen Jahrtausends. Das Handelsrecht kennt sie nicht mehr.

Thesen zum Referat[*]

I. Die Deutsche Welle (DW) ist Trägerin des Grundrechts der Rundfunkfreiheit des Art. 5 Abs. 1 Satz 2 GG.

---

[*] schriftlich während des Symposiums verteilt

1. Die DW ist nicht Teil des Staatsapparates, der den strukturellen Bedingtheiten der staatlichen Organisationsgewalt, des öffentlichen Dienstes und der Etathoheit des Staates unterliegt. Sie erfüllt weder unmittelbare noch mittelbare Staatsfunktionen regierungsamtlicher Öffentlichkeitsarbeit oder nationalstaatlicher Repräsentation nach außen. Die Deutsche Welle ist staatsfreies Medium und Faktor des öffentlichen Kommunikationsprozesses und repräsentiert staatsunabhängige Grundrechtssubstanz.

2. Die DW ist ungeachtet ihrer öffentlich-rechtlichen Anstaltsform Trägerin des Grundrechts der Rundfunkfreiheit, deren Adressat der Staat, in concreto die Bundesrepublik Deutschland, ist. Der Inhalt der Rundfunkfreiheit ist mehrschichtig; entsprechend ambivalent ist die Rolle des Staates. Als Abwehrrecht hält die Rundfunkfreiheit den Staat auf Distanz. Als Aktionsgrundrecht, dessen Funktionsvoraussetzungen auf gesetzliche Vorkehrungen und Zutun des Staates angewiesen sind, nimmt die Rundfunkfreiheit den Staat auf positives Handeln in die Pflicht.

3. Die Grundrechtsträgerschaft der DW ist von einem Grundversorgungsauftrag unabhängig, weil dieser allein die Funktion einer öffentlich-rechtlichen Rundfunkanstalt in der binnenstaatlichen dualen Rundfunkordnung determiniert. Für die staatsextern orientierte Deutsche Welle ist der Grundversorgungsauftrag irrelevant.

4. Die Grundrechtsinhaberschaft der DW ist zwar – wie jede Grundrechtsträgerschaft juristischer Personen des öffentlichen Rechts – instrumentalen bzw. fiduziarischen Charakters. Doch folgen daraus keine Reduktionen bzw. Restriktionen des Grundrechtsschutzbereichs. Ausgeschlossen sind lediglich Beliebigkeit und Selbstzweckhaftigkeit, die den Freiraum namentlich natürlicher Personen kennzeichnen, sowie ein Grundrechtsverzicht. Sie ist ein in Teilen pflichtiges Grundrecht: Die DW trifft eine Betriebspflicht.

5. Wie bei jedem anderen – gemeinnützigen oder kommerziellen – Rundfunkveranstalter, handelt es sich bei der Rundfunkfreiheit der Deutschen Welle um eine dienende Freiheit. Sie steht im Dienst der Kommunikationsordnung, nicht im Dienst des Staates. Darum führt diese Funktionalisierung zu keiner Freiheit nach Maßgabe beliebiger staatlicher Auflagen, Vorgaben und Aufträge.

II. Die DW hat gegen den Staat einen grundrechtlich verbrieften Anspruch auf die erforderliche funktionsgerechte Finanzierung.

1. Die Bundesrepublik Deutschland ist als Anstaltsherrin (früher: Muttergemeinwesen) gehalten, die Deutsche Welle mit dem erforderlichen Finanzinstrumentarium auszustatten. Dieser staatlichen Pflicht korrespondiert ein grundrechtlich abgestützter Finanzierungsanspruch der DW.

2. Eine Finanzierung aus Haushaltmitteln ist zulässig. Der staatsgerichtete Finanzierungsanspruch der Deutschen Welle ist freilich nicht auf eine Alimentation aus Haushaltmitteln fixiert. Insofern ist es unschädlich, dass der DW ein klagbarer Anspruch auf Gewährung eines Zuschusses in einer bestimmten Höhe ver-

sagt ist. Die Anstalt hat einen Anspruch auf funktionsgerechte Finanzierung, zu dessen Erfüllung der Staat erforderlichenfalls auch andere Mittel zu mobilisieren hat.

3. Der grundrechtlich abgesicherte Finanzierungsanspruch der DW ist kein allgemeines Teilhaberecht, dessen Realisierung von den etatmäßig bereitgestellten Mitteln abhängt. Die Rundfunkfreiheit ist kein bloßes Maßgabegrundrecht. Sie besteht nicht schlicht nach Maßgabe des Budgetrechts des Staates oder der Haushaltshoheit des Parlaments.

4. Die gegenwärtige budgetäre Finanzierungspraxis ist verfassungswidrig. Sie muss auf eine materielle gesetzliche Grundlage gestellt werden.

5. Der Finanzierungsanspruch der DW kann wegen seiner Gesetzesakzessorietät in der Regel nicht vor der Verwaltungsgerichtsbarkeit verfolgt werden. Doch steht die Verfassungsbeschwerde zur Verfügung.

Prof. Dr. Dieter Dörr, Universität Mainz

Auslandsrundfunk contra Rundfunkfreiheit

Es ist unvermeidlich, dass ich mit meiner Thematik, die sich mit der Frage Auslandsrundfunk kontra Rundfunkfreiheit beschäftigt, einige Dinge wieder aufgreife, die Herr Kollege Bethge angesprochen hat, wenn auch aus einer anderen Perspektive. Lassen Sie mich zunächst einige Vorbemerkungen machen.

Es ist tatsächlich – Herr Kollege Bethge hat es eben auch schon angesprochen – verblüffend, wie wenig Beachtung die DW bis in die jüngste Vergangenheit in der rundfunkrechtlichen Literatur insgesamt gefunden hat. Sie kam in der rundfunkrechtlichen Literatur so gut wie überhaupt nicht vor und wurde allenfalls im Zusammenhang mit der Kompetenzfrage erwähnt. Allgemein herrschte die Auffassung, dass die Deutsche Welle wahrscheinlich gar keine Rundfunkanstalt sei, weil sie ja nur Auslandsrundfunk betreibe, von dem fraglich wäre, ob er überhaupt Rundfunk sei und dass sie jedenfalls, weil sie auf das Ausland ausgerichtet sei, nicht die Rundfunkfreiheit in Anspruch nehmen könne.

Dies hängt insgesamt mit der in Deutschland weit verbreiteten Geringschätzung des Auslandsrundfunks zusammen, was uns ganz diametral von anderen europäischen und außereuropäischen Staaten unterscheidet. Wir beschäftigen uns mit dem Rundfunk als Medium immer auf das Inland bezogen, allenfalls noch auf Europa, aber nicht in Bezug auf das Ausland, obwohl gerade im Zeitalter der Globalisierung der Auslandsrundfunk aus meiner Sicht eine tatsächlich immer höhere Bedeutung gewinnt. Der Auslandsrundfunk, also Hörfunk und Fernsehen, die auf das Ausland ausgerichtet sind, kann in der Bedeutung für die Zukunft kaum überschätzt werden. Deshalb erstaunt es mich umso mehr, wie wenig man sich mit den juristischen, aber auch mit den medienpolitischen Fragen in diesem Zusammenhang beschäftigt.

Die erste Frage, der ich mich zuwenden möchte: Darf man überhaupt Auslandsrundfunk in Form einer Bundesrundfunkanstalt betreiben? Ist der Bund überhaupt aufgerufen, Rundfunk für das Ausland zu gestalten und auch verwaltungsmäßig auszugestalten?

Mit dieser Problematik hat sich das Bundesverfassungsgericht am Rande des berühmten ersten Fernsehurteils beschäftigt, wo es ganz allgemein um die Abgrenzung der Kompetenzen zwischen Bund und Ländern im Rundfunkbereich ging. Es hat aber diese Frage letztlich nicht entschieden, es hat sie vielmehr offen gelassen, und seitdem ist sie lange Zeit umstritten geblieben. Ich möchte nur kurz thesenartig sagen, dass aus meiner Sicht der Bund ausschließlich für Hörfunk und Fernsehen, die auf das

Ausland ausgerichtet sind, zuständig ist. Dies ergibt sich aus der Kompetenzordnung des Grundgesetzes, und zwar sowohl bezüglich der Gesetzgebungskompetenzen als auch bezüglich der Verwaltungskompetenzen. Der Bund ist berechtigt und nach der Kompetenzordnung mit den notwendigen Befugnissen ausgestattet, Rundfunk für das Ausland vorzusehen und auch eine Bundesrundfunkanstalt organisationsrechtlich zu schaffen, und zwar eine verselbstständigte echte Bundesrundfunkanstalt. Das ergibt sich aus den Gesetzgebungskompetenzen für die auswärtigen Angelegenheiten und aus den Verwaltungskompetenzen des Artikels 87 GG, die den Bund mit diesen Befugnissen ausstatten.

Es stellt sich aber die Frage, was der Bund auf dieser Grundlage zunächst einmal geschaffen hat. Ist dies, und ich will die Problematik doch noch einmal kurz beleuchten, wirklich eine Rundfunkanstalt, oder ist es nicht doch eine Einrichtung der regierungsamtlichen Öffentlichkeitsarbeit? Denn wenn man sich historisch die DW in ihrer Entwicklung ansieht, war am Anfang diese Frage gar nicht so klar gestellt worden, und von der Organisation der Deutschen Welle her gesehen konnte man auf den ersten Blick zunächst einmal beide Antworten geben. Denn die DW war zu Anfang nicht in der Weise pluralistisch organisiert und staatsfern verankert, wie dies heute der Fall ist. Die Organisation war sehr viel staatsnäher. Das sah man an der Gremienzusammensetzung, wo vor allem staatliche Vertreter als Mitglieder vorgesehen waren; das sah man auch in anderem Zusammenhang. Es war also offen, was sich der Bund vorstellte: Möchte er regierungsamtliche Öffentlichkeitsarbeit betreiben, oder möchte er echten Rundfunk veranstalten? Inzwischen ist es aber gar keine Frage mehr, dass die Bundesrundfunkanstalt Deutsche Welle die Aufgabe hat, echten Rundfunk zu betreiben. Ich möchte die Frage nicht vertiefen, wo die Grenzen regierungsamtlicher Öffentlichkeitsarbeit verlaufen, zu der der Bund und jede Regierung ausdrücklich berechtigt sind. Jedenfalls sind diese Grenzen, wie wir im Zusammenhang mit Wahlwerbung und Öffentlichkeitsarbeit der Bundesregierung wissen, sehr eng. Man kann damit kein allgemein informierendes, plural ausgerichtetes Programm veranstalten. Der Bund hat sich dazu entschieden, echten Rundfunk für das Ausland zu machen, was auch eine sinnvolle Entscheidung ist, denn regierungsamtliche Öffentlichkeitsarbeit nach außen wäre ein sehr enges und wenig wirksames Aufgabenfeld. Wenn er sich dazu entschließt, hat das weit reichende Konsequenzen. Die erste Antwort lautet also: Hier ist eine echte Rundfunkanstalt geschaffen worden – inzwischen völlig unbestritten – und durch das neue DW-Gesetz auch für jedermann auf den ersten Blick sichtbar. Dies hat weitreichende Auswirkungen.

Man könnte nun die folgende These, der ich unter dem Gesichtspunkt Auslandsrundfunk nachgehen will, aufstellen: Kann man nicht sagen, die Rundfunkfreiheit gilt deshalb nicht, – dies war eine Antwort, die sehr viele damals gegeben haben – weil dieser Rundfunk auf das Ausland ausgerichtet war? Ich freue mich ja sehr, dass Herr Kollege Bethge gesagt hat, aus seiner Sicht sei die Geltung der Rundfunkfreiheit völlig selbstverständlich, aber es war in der Vergangenheit so selbstverständlich nicht. Wenn Sie die wenigen Abhandlungen zur Rundfunkfreiheit und der Deutschen Welle gelesen haben, überwog sogar die Auffassung, die Rundfunkfreiheit gelte gerade nicht, weil Rundfunk für das Ausland ausgestrahlt wird. Diese Auffassung haben sich sogar vereinzelt Gerichte zu Eigen gemacht. Nun muss man mal fragen: Ist dies wirklich eine weiterführende, eine zutreffende Argumentation? Ist es tatsächlich so, dass Rundfunkfreiheit nur dann gilt, wenn die Rundfunksendung auf das Inland ausgerichtet ist und dann nicht, wenn das Ausland Gegenstand und Adressat der Sendung ist? Sicherlich hat die Geltung der Rundfunkfreiheit für den öffentlich-rechtlichen Rundfunk etwas mit dessen Bedeutung für die demokratische Willensbildung zu tun. Es gab einen weitverbreiteten Streit darüber, inwieweit die Grundrechte auch auslandsgerichtete Tätigkeiten, die von Deutschland ausgehen, binden. Aber selbst wenn man sich einmal diesen Argumentationsansatz, der – um das vorweg zu sagen – aus meiner Sicht schon vom Ansatz her unzutreffend ist, zu Eigen macht und sagt, es kommt auf die Wirkungen für die innerstaatliche Willensbildung an, selbst dann ist die DW ganz unzweifelhaft Träger des Grundrechts der Rundfunkfreiheit. Die Aufgabe der Deutschen Welle ist zwar Rundfunkveranstaltung für das Ausland, aber – und dies halte ich für völlig unbestreitbar – sowohl für Ausländer im Ausland als und auch und gerade für die Deutschen, die im Ausland leben. Diese deutschen Staatsbürger sind auch in Deutschland wahlberechtigt, wobei deren Zahl ganz erheblich ist. Die Rundfunktätigkeit der DW hat für die innerstaatliche Willensbildung durchaus Auswirkungen, wenn man dies für maßgeblich hält, womöglich mehr Auswirkung als die Tätigkeit anderer Rundfunkveranstalter, denen ganz unbestritten, weil sie innerstaatlich tätig sind, die Rundfunkfreiheit zuerkannt wird. Es kann nicht auf die Größe des Adressatenkreises ankommen, wie ich insgesamt der Meinung bin, dass die Vorstellung falsch ist, es käme auf die Auswirkung auf die innerstaatliche Willensbildung überhaupt an.

Zum Zweiten ist die Rundfunkanstalt Deutsche Welle eine deutsche Rundfunkanstalt und damit aus meiner Sicht – da würde ich die Auffassung von Herrn Kollegen Bethge nachdrücklich unterstreichen – ganz sicherlich grundrechtsberechtigt. Dies gilt unabhängig davon, auf wen sich ihre Sendungen „auswirken". Die DW als deutsche Rundfunkanstalt nimmt am Schutz der Rundfunkfreiheit teil. Das folgt daraus, dass sie Rundfunk veranstaltet.

Drittens ist die Rundfunkfreiheit ganz eindeutig ein europäisches Grundrecht. Die Bundesrepublik Deutschland muss, wenn sie mit einer eigenen Anstalt Rundfunk für Ausländer veranstaltet, ebenfalls die Bindungen der Rundfunkfreiheit beachten. Sie kann nicht sagen, dem bin ich entzogen, ich kann Rundfunk unter Missachtung der Rundfunkfreiheit betreiben, weil die Sendungen auf das Ausland ausgerichtet sind. Und daraus folgt für mich ganz eindeutig, dass die DW Träger der Rundfunkfreiheit ist, obwohl sie Auslandsrundfunk betreibt. Man kann also nicht aus der Tatsache des Auslandsrundfunks Besonderheiten für die Grundrechtsgeltung ableiten, was aber in der Vergangenheit vielfach versucht wurde.

Ich möchte aber an der Stelle klarstellen, dass auch der Gesetzgeber und das Parlament sich ganz eindeutig dazu bekannt haben, dass die Rundfunkfreiheit für die auslandsbezogene Rundfunktätigkeit der DW gilt. Das ist in der Begründung zum neuen DW-Gesetz an mehreren Stellen aufgeführt worden. Alle Parteien und alle Fraktionen haben dies nachdrücklich betont. Auch die Bundesregierung, und zwar sowohl die frühere als auch die jetzige, hat sich dies nachdrücklich zu Eigen gemacht. Sowohl das Parlament selbst als auch die Regierung sind ganz unbestritten davon ausgegangen, dass die DW Trägerin der Rundfunkfreiheit ist. Es ist also heute nicht mehr so, dass dies, wie in der Vergangenheit, weiterhin umstritten ist.

Schließlich muss man auch sehen, dass die Deutsche Welle in das deutsche Rundfunksystem voll eingebunden ist. Mir fällt oftmals auf, dass in allen Diskussionen überhaupt nicht gesehen wird, dass die DW Mitglied der ARD ist. Das ist weitgehend unbekannt. Die DW ist voll in den Programmaustausch eingebunden. Es wäre schon etwas irritierend, wenn ein Mitglied der ARD nicht Träger der Rundfunkfreiheit wäre und auch Programme machen könnte, die nicht den Bindungen und den Pflichten der Rundfunkfreiheit unterlägen. Ich möchte dies nur am Rande bemerken, weil diese Tatsache in der Öffentlichkeit weitgehend unbekannt zu sein scheint, dass die DW mit der ARD nicht nur verbunden, sondern sogar Mitglied dieser Arbeitsgemeinschaft ist.

Was folgt nun aus dem Grundrecht der Rundfunkfreiheit für die Deutsche Welle, bezogen auf ihre Aufgaben? Wegen des Grundrechts der Rundfunkfreiheit verfügt die DW über eine verfassungsrechtlich vorgegebene Autonomie. Das Bundesverfassungsgericht hat als ganz wesentliches Element der Rundfunkfreiheit (gerade bezogen auf öffentlich-rechtliche Rundfunkanstalten) die Staatsferne – das Bundesverfassungsgericht spricht immer von Staatsfreiheit, ich würde eher von Staatsferne sprechen – aus der Rundfunkfreiheit abgeleitet und daraus im Gegenzug auch ein Gebot der Autonomie aufgestellt. Beides gehört zusammen. Die Rundfunkanstalten müssen über Autonomie verfügen. Das Bundesverfassungsgericht hat zur Begründung allerdings auch das Pluralitätsgebot herangezogen, also die Aufgabe, die der öffentlich-rechtliche Rundfunk hat, nämlich ein plurales, ausgewogenes, umfassendes Programmangebot zur Verfügung zu stellen. Dafür ist ebenfalls eine plurale Binnenorganisation beim öffentlich-rechtlichen Rundfunk notwendig. Auch daraus folgt die Autonomie, vor allem aber aus dem Gebot der Staatsferne. Was bedeutet Autonomie? Auch das ist nach der Rechtsprechung des Bundesverfassungsgerichts interessant. Autonomie beinhaltet bei Rundfunkanstalten nämlich mehr als bei anderen vergleichbaren Einrichtungen. Das Bundesverfassungsgericht hat – darüber könnte man übrigens theoretisch streiten – aus der Autonomie und aus den Besonderheiten der Rundfunkgeschichte abgeleitet, dass der Rundfunk staatsfern, also außerhalb der eigentlichen Staatsorganisation durchzuführen ist. Bereits im ersten Rundfunkurteil ist niedergelegt, dass es ein Verbot jedweden Staatsfernsehens gibt. Die Autonomie reicht nach den Vorstellungen des Verfassungsgerichts – man hat dort vor allem auf der Basis der Erfahrungen von Weimar historisch argumentiert – weiter. Der Ausschluss der Umgestaltung eines solchen Staatsrundfunks – in Weimar hatten wir einen autonomen Staatsrundfunk – in ein bloßes Propagandainstrument, wird aus diesem Gebot der Autonomie abgeleitet. Das ist eine weiter gehende Autonomie, als man sie sonst bei autonomen Selbstverwaltungskörperschaften – wie etwa den Universitäten – antrifft. Die Universitäten haben auch eine verfassungsrechtlich vorgegebene Autonomie. Sie sind aber eindeutig staatliche Einrichtungen, während die Rundfunkanstalten staatsfern und grundrechtsbewehrte Einrichtungen sind. Sie stehen außerhalb der eigentlichen mittelbaren Staatsverwaltung. So würde ich jedenfalls ihre Stellung deuten. Das Verfassungsgericht hat sich nie so ganz klar ausgedrückt, aber auch Herr Kollege Bethge hat sie eben so beschrieben; sie sind nicht Teil der mittelbaren Staatsverwaltung. Es reicht nicht aus, sie lediglich organisatorisch mit einem Selbstverwaltungsrecht auszugestalten. Das ist sehr wichtig für das Verständnis der DW.

Bei den Landesrundfunkanstalten hat sich diese Auffassung voll durchgesetzt. Aber bei der DW scheint mir manchmal noch das Verständnis vorzuherrschen, sie sei ein verlängerter Arm der staatlichen Bundesverwaltung. Dies ist nicht so. Man merkt, dass dieses Verständnis noch vorhanden ist, wenn man den Umgang des Bundes mit der DW im Rahmen von Finanzierungsverhandlungen einmal nachverfolgt. Dieses ist nicht das Verständnis eines Umgangs mit einer Anstalt, die außerhalb der eigentlichen Staatsverwaltung steht, die grundrechtsbewehrt ist, die über Autonomie verfügt. Dies muss man immer beachten.

Die Deutsche Welle hat die gleiche Stellung wie eine Landesrundfunkanstalt. Ihre Funktionen sind allerdings anders. Ihre Aufgabe ist es, Rundfunkversorgung nach außen für das Ausland zu veranstalten. Natürlich ist die Abgrenzung zwischen Auslands- und Inlandsversorgung wegen der veränderten Technik schwieriger geworden. Trotzdem bleibt festzuhalten, dass die DW von der Aufgabe her Rundfunkversorgung für das Ausland sowohl für die Deutschen im Ausland als (natürlich) auch für die Ausländer, für die anderen Staatsangehörigen, die in den jeweiligen Staaten beheimatet sind, zu betreiben hat. Von daher ist ihre Aufgabe eine ganz andere als die der Landesrundfunkanstalten. Ich stimme Herrn Kollegen Bethge zu, dass man dies nicht mit Begriffen wie „Grundversorgung" beschreiben kann. „Grundversorgung" ist ein Problem der Inlandsrundfunkversorgung, auch ein Problem des dualen Systems, welche Pflichtaufgabe der öffentlich-rechtliche Rundfunk hat. Der Begriff vermag aus meiner Sicht in diesem Bereich durchaus viel zu leisten. Er wird oft zu Unrecht diskreditiert, aber er hat nichts mit den Aufgaben der DW zu tun.

Die Deutsche Welle hat diese Auslandsversorgungsaufgabe. Hinsichtlich dieser Aufgabe folgt aus der Rundfunkfreiheit zum einen – und dies hat Herr Kollege Bethge eben eingehend dargestellt – dass sie einen Anspruch auf funktionsgerechte Finanzierung hat. Der Bund muss sie finanziell so ausstatten, dass sie diese Aufgabe erfüllen kann. Man kann aus einem solchen Satz allerdings keinen bezifferten Betrag ableiten. Man kann aber sehr wohl daraus die Forderung herleiten, ein der Rundfunkfreiheit entsprechendes Verfahren für die Zukunft zur Verfügung zu stellen, wie das Bundesverfassungsgericht dies im Wege des Gebührenfestsetzungsverfahrens den Ländern – bezogen auf die öffentlich-rechtlichen Landesrundfunkanstalten und auf das ZDF – aufgegeben hat. Parallelen können hier durchaus gezogen werden. Herr Kollege Bethge ist eben schon intensiv darauf eingegangen, und wir werden sicherlich in der Diskussion darauf zurückkommen.

Schließlich folgt aus der Rundfunkfreiheit auch, dass der Staat die Autonomie und die Staatsferne zu beachten hat. Dazu möchte ich auch noch ein paar Sätze sagen, weil sie aus meiner Sicht angezeigt sind. Es bedeutet zum einen, dass es nicht so etwas wie eine Fachaufsicht gegenüber der Deutschen Welle gibt, sondern wie bei allen Rundfunkanstalten nur eine Rechtsaufsicht. Der zuständige Bundesminister ist nicht die Fachaufsicht gegenüber der DW. Diese Rechtsaufsicht muss aus verfassungsrechtlichen Gründen eine begrenzte Rechtsaufsicht sein. Die Rundfunkfreiheit hat für die Frage der Rechtsaufsicht eine besonders hohe Bedeutung. Das Bundesverfassungsgericht hat dem Staat zwar das Recht zugestanden, eine Rechtsaufsicht vorzusehen, aber nur im begrenzten Rahmen. Vorrang hat die plurale Binnenkontrolle. Nur wenn diese versagt, kann der Bund überhaupt gegenüber der DW im Wege der Rechtsaufsicht vorgehen, und zwar *nur* im Wege der Rechtsaufsicht. Es ist nicht Sache des Bundes, die Programmpolitik zu bestimmen, oder mit Hinweisen oder noch weitergehenden Maßnahmen Vorgaben zu treffen. Eine andere Frage ist, wie weit er gesetzlich Aufgaben der DW allgemein und generell beschreiben darf. Da besteht ein gewisser Freiraum und – Herr Kollege Bethge hat zu Recht darauf hingewiesen – die Schwierigkeit, dass der Gesetzgeber die Rundfunkfreiheit für die jeweiligen Rundfunkanstalten auch immer ausgestalten muss. Aber die Bundesregierung als Trägerin der Rechtsaufsicht darf nicht selber unter Missachtung der Staatsferne im Gewand der Rechtsaufsicht, die dann zu einer Fachaufsicht oder noch mehr umschlägt, versuchen, selbst programmlich Einfluss zu nehmen. Gerade dieser Bereich ist besonders geschützt. Er macht den Kern der Rundfunkfreiheit für die Bundesrundfunkanstalt Deutsche Welle aus. Die Programmautonomie und somit die Programmgestaltung ist Aufgabe der Rundfunkanstalt. Es ist Aufgabe ihrer pluralen Gremien, die notwendigen Entscheidungen zu treffen. Bei der Bundesrundfunkanstalt Deutsche Welle besteht, wie bei allen anderen Rundfunkanstalten, eine bestimmte Aufgabenverteilung zwischen den Gremien.

Ich möchte noch einmal festhalten: Auch wenn die DW die Aufgabe „Auslandsrundfunk" verfolgt, folgt daraus nicht etwa, dass für sie die Rundfunkfreiheit nur begrenzt oder gar überhaupt nicht gilt. Die DW ist eine echte Rundfunkanstalt und kann sich wie jede Landesrundfunkanstalt auf die Rundfunkfreiheit berufen. Dies hat weit reichende Konsequenzen für ihre Stellung gegenüber dem Bund, die in allen Bereichen zu beachten sind. Die DW hat in gleicher Weise am Schutz der Staatsferne teil. Ihr ist in gleicher Weise Autonomie zu gewähren wie einer Landesrundfunkanstalt. Die Deutsche Welle hat – wie die Landesrundfunkanstalten – aus der Rundfunkfreiheit einen Anspruch auf funktionsgerechte Finanzierung. Der Bund als Träger der Rechtsaufsicht hat eben nur die Möglichkeit, rechtaufsichtlich tätig zu werden, und dem Bund steht, wie allen Muttergemeinwesen – wenn man diesen schönen Begriff für Rundfunkanstalten verwendet – nur eine begrenzte Rechtsaufsicht zur Verfügung. Man kann nicht etwa seitens einer Rechtsaufsichtsbehörde im Gewand der Rechtsaufsicht versuchen, Einfluss auf das Programm oder auf sonstige den Gremien zukommende Aufgaben zu nehmen. Die Rechtsaufsicht kann überhaupt nur bei einem Rechtsverstoß eingreifen, und begrenzte Rechtsaufsicht bedeutet – man nennt dies Subsidiarität der

Rechtsaufsicht im Rundfunkbereich – dass sie nur tätig werden darf, wenn die anstalts-internen Kontrollgremien versagen. Sie sind zunächst zu befassen. Damit bin ich am Schluss meines Vortrags und darf mich herzlich für Ihre Aufmerksamkeit bedanken.

Thesen zum Referat[*]

1. Der Bund hat die Gesetzgebungskompetenz, den reinen Auslandsrundfunk zu regeln. Dies setzt voraus, dass die Sendungen allein oder doch überwiegend für das Ausland bestimmt sind. Unschädlich ist allerdings, dass im Einzelfall ein „Spill-over", also das Mitsehen und Mithören im Inland, technisch unvermeidbar ist, wie dies etwa bei der Satellitenverbreitung regelmäßig der Fall ist.

2. Diese Kompetenz des Bundes, den Auslandsrundfunk gesetzlich zu regeln, wird durch eine Verwaltungskompetenz nach Art. 87 Abs. 1 Satz 3 GG ergänzt. Auf der Grundlage dieser Bestimmung wird es dem Bund ausdrücklich ermöglicht, die DW als öffentlich-rechtliche Bundesrundfunkanstalt organisationsrechtlich zu verselbst-ständigen.

3. Die Bundesrundfunkanstalt Deutsche Welle ist Trägerin des Grundrechts der Rund-funkfreiheit aus Art. 5 Abs. 1 Satz 2 GG.

   a) Die Tätigkeit der DW wird als echter Rundfunk von der Rundfunkfreiheit tat-bestandlich erfasst; es handelt sich gerade nicht um regierungsamtliche Öffent-lichkeitsarbeit nach außen in Form eines bloßen Bulletin-Rundfunks.

   b) Die Sendungen der DW wirken sich in nicht unbeachtlicher Weise auf die innerstaatliche Willensbildung aus, so dass sich die Grundrechtsfähigkeit der Deutschen Welle bereits aus dem dienenden Charakter der Rundfunkfreiheit ergibt. Darüber hinaus folgt auch aus der Einbindung der DW in die ARD deren Grundrechtsfähigkeit bezüglich der Rundfunkfreiheit.

   c) Zudem ist die dienende Funktion der Rundfunkfreiheit auch auf die individuelle Meinungsbildung bezogen. Die Meinungsfreiheit und Informationsfreiheit sind als echte Menschenrechte nicht auf das Territorium der Bundesrepublik Deutschland begrenzt. Demnach ist die Bundesrepublik bei ihrer Selbstdar-stellung nach außen an das grundlegende Verfassungsprinzip der Rundfunk-freiheit gebunden. Zur Verteidigung von Eingriffen in die Rundfunkfreiheit steht der DW auch aus diesem Grunde die Grundrechtssubjektivität zu.

4. Das aus der Rundfunkfreiheit folgende Gebot der Staatsferne enthält ein absolutes Verbot staatlicher Eigenbetätigung im Rundfunkbereich. Daher ist es der Bundes-republik Deutschland untersagt, echten Auslandsrundfunk in staatlicher Eigen-betätigung zu betreiben.

5. Wegen des Grundrechts der Rundfunkfreiheit verfügt die DW über eine verfas-sungsrechtlich vorgegebene Autonomie. Diese folgt sowohl aus dem Pluralitäts-gebot als auch aus dem Grundsatz der Staatsferne.

---

[*] schriftlich während des Symposiums verteilt

6. Die Funktionen der DW können nicht mit der Grundversorgungsaufgabe des öffentlich-rechtlichen Rundfunks umschrieben werden. Bei der Grundversorgung geht es darum, welche Pflichtaufgaben dem öffentlich-rechtlichen Bereich in einem dualen System innerstaatlich zukommen.

7. Der Programmauftrag der DW wird durch den Gesetzgeber bestimmt. Innerhalb dieser gesetzlichen Grenzen kommt der DW Programmautonomie zu. Allerdings darf der Gesetzgeber im Hinblick auf die besonderen Aufgaben der DW bestimmte Bindungen bei der Erfüllung des Programmauftrags vorsehen. Hierbei ist aber der zunehmenden internationalen Verflechtung der Bundesrepublik Deutschland und der damit zwangsweise einhergehenden Auffächerung der Außenpolitik Rechnung zu tragen.

8. Auch wenn der DW keine Bestands- und Entwicklungsgarantie zukommt, ist der Rundfunkfreiheit auch bei der Art und dem Umfang ihrer Finanzierung Rechnung zu tragen.

   a) Für die Zeit ihres Bestehens hat die DW einen Anspruch auf funktionsgerechte Finanzausstattung. Die finanzielle Gewährleistungspflicht umfasst das zur Wahrung der Funktion „Erforderliche". Bezugsgröße ist dabei das gesamte Programm der Rundfunkanstalt.

   b) Eine generelle Gebührenfinanzierung der DW kommt wegen der Ausrichtung der Rundfunkgebühr – unabhängig von deren genauer Rechtsnatur – auf die Gesamtveranstaltung Rundfunk in Deutschland nicht in Betracht.

   c) Ein Zuschuss des Bundes ist ein zulässiges und geeignetes Mittel, die funktionsgerechte Finanzierung der DW herbeizuführen. Dabei ist allerdings für die Zukunft ein Verfahren vorzusehen, das der Staatsferne und dem Anspruch der Deutschen Welle auf funktionsgerechte Finanzierung Rechnung trägt. Es wäre sachgerecht, die Kommission zur Überprüfung und Ermittlung des Finanzbedarfs der Rundfunkanstalten (KEF) in das Verfahren, das zu einem bedarfsgerechten Zuschuss führen soll, einzubinden.

9. Die Rundfunkfreiheit ist auch bei der Aufsicht über die DW zu beachten. Es ist verfassungsrechtlich zulässig, eine begrenzte Rechtsaufsicht gegenüber den Rundfunkanstalten trotz ihres besonderen grundrechtlich gewährleisteten Status vorzusehen. Allerdings ist eine staatliche Rechtsaufsicht über die Rundfunkanstalten verfassungsrechtlich nicht zwingend vorgegeben. Vielmehr steht es dem Gesetzgeber frei, von dem Mittel der Rechtsaufsicht abzusehen und die Kontrolle gänzlich den internen Organen der Rundfunkanstalt zu überlassen.

   a) Die Rundfunkanstalten sind als staatsferne und grundrechtsichernde selbständige öffentlich-rechtliche Einrichtungen ausgestaltet. Sie sind nicht Teil der organisierten und institutionalisierten Staatsgewalt. Diese organisationsrechtliche Einordnung außerhalb des Staates steht aber einer Einführung staatlicher Rechtsaufsicht nicht zwingend entgegen.

   b) Hingegen begrenzt der aus der Rundfunkfreiheit folgende Grundsatz der Staatsfreiheit des Rundfunks, der besser als Staatsferne zu bezeichnen ist, die staatliche Rechtsaufsicht bei den Rundfunkanstalten. Zwar schließt die Staatsfreiheit bzw. Staatsferne eine staatliche Rechtsaufsicht bei den Rundfunkanstalten nicht notwendig aus. Sie lässt aber nur eine „beschränkte Rechtsaufsicht" bei den Rundfunkanstalten zu.

10. Die aus der Rundfunkfreiheit folgenden Begrenzungen der Rechtsaufsicht wirken sich vor allem beim Kontrollmaßstab, dem Verhältnis zwischen interner und externer Kontrolle und bei den zulässigen Aufsichtsmitteln aus.

a) Der Grundsatz der Staatsfreiheit bzw. Staatsferne schließt eine Rechtsaufsicht im Bereich der Programmfragen nicht gänzlich aus. Allerdings ist gerade bei Programmfragen besonders darauf zu achten, dass der Staat nicht im Gewande der Rechtsaufsicht Eingriffe in die Programmautonomie vornimmt.

b) Der Kontrollmaßstab ist bei der Rechtsaufsicht über die Rundfunkanstalten in doppelter Hinsicht begrenzt.

    aa) Bei unbestimmten, auf die Programmgestaltung bezogenen Rechtsbegriffen ist wegen der Programmautonomie, die den Kern der Rundfunkfreiheit ausmacht, eine Einschätzungsprärogative der Rundfunkanstalten anzuerkennen, die der Beurteilung der Rechtsaufsicht entzogen ist. Diese Einschätzungsprärogative reicht über die im allgemeinen Verwaltungsrecht entwickelten Begriffe des „Beurteilungsspielraums" und des „Ermessensspielraums" weit hinaus.

    bb) Auch dort, wo eine solche Einschätzungsprärogative im Hinblick auf die Programmautonomie der Rundfunkanstalt Deutsche Welle nicht besteht, ist die staatliche Rechtsaufsicht begrenzt. Sie ist auf deutlich hervortretende Fälle, mithin auf eine Evidenzkontrolle beschränkt. Es liegt in dieser Begrenzung, dass in Zweifelsfällen die staatliche Rechtsaufsicht zurückzutreten hat.

c) Aus der Ausgestaltung der anstaltsinternen Kontrolle folgt, dass die Rechtsaufsicht erst eingreifen darf, wenn die anstaltsinternen Kontrollen versagen. Dieser Grundsatz der Subsidiarität ergibt sich nicht nur aus der Organisation einer Rundfunkanstalt mit der vorgesehen anstaltsinternen Aufsicht, die alle Bereiche der Anstaltstätigkeit erfasst, sondern auch aus der verfassungsrechtlich vorgegebenen Rundfunkfreiheit. Schon wegen des im Rahmen dieses Grundrechts zu beachtenden Grundsatzes der Verhältnismäßigkeit darf die staatliche Aufsicht so lange nicht tätig werden, als die Möglichkeit besteht, den Verstoß auf weniger einschneidende Weise, nämlich durch anstaltsinterne Kontrolle, zu beseitigen.

d) Als Aufsichtsmittel darf der Gesetzgeber unter Berücksichtigung des Verfassungsrechts das Informationsrecht, das Beratungsrecht, die Beanstandung und die rechtsaufsichtliche Weisung vorsehen. Dagegen sind sowohl die Ersatzvornahme als auch die Einsetzung eines Staatskommissars ausgeschlossen.

Prof. Dr. Reinhart Ricker M. A., Universität Mainz

Deutsches Auslandsfernsehen –
eine Aufgabe der Landesrundfunkanstalten?*

1. Die Kürzung der Bundesgelder hat die Deutsche Welle in Finanznöte gestürzt. Trotz ihrer Sparpolitik soll nach Presseberichten immer noch eine Finanzierungslücke von rund 50 Mio. DM bestehen.[1] Von daher vermehren sich die Stimmen, die ARD-Rundfunkanstalten und das ZDF stärker in das Auslandsfernsehen zu integrieren und damit Kosten zu sparen.[2] Insoweit stellt sich die Frage, ob dies rechtlich zulässig wäre.

Die rechtliche Problematik einer Inpflichtnahme der Landesrundfunkanstalten und des ZDF scheint sich dadurch zu reduzieren, dass diese selbst eine intensivere Beteiligung am deutschen Auslandsfernsehen vorgeschlagen haben. Das ZDF ist sogar mit der Überlegung eines eigenen Auslandsfernsehens an die Öffentlichkeit getreten. Alternativ schlägt es eine verstärkte Kooperation mit der DW vor.[3]

Nach den Vorschlägen der hierfür eingerichteten Arbeitsgruppe der DW, der ARD-Rundfunkanstalten und des ZDF werden zu diesem Zweck unterschiedliche Modelle genannt: Über die Zulieferung bereits im eigenen Programm verbreiteter Sendungen nach § 8 Abs. 1 DW-Gesetz hinaus wird auch eine eigenständige Erstellung ganzer Programmteile durch die ARD-Anstalten und das ZDF diskutiert. Dabei geht es entweder um eine Programmverantwortung der Anstalten sogar nach außen hin oder jedenfalls intern im Verhältnis zur DW. Schließlich wird sogar die Übernahme des Auslandsrundfunks durch ARD und ZDF als Möglichkeit gesehen.[4]

2. Bei solchen Überlegungen ist zunächst zu berücksichtigen, dass die Rundfunkanstalten keineswegs alles unternehmen können, was sie wollen. Vielmehr ist es

---

* Der Vortrag ist um Gliederungspunkte und Fußnoten erweitert.
1 vgl. Frankfurter Rundschau vom 22.10.1999 „Deutsche Welle TV – eine (un)mögliche Mission?“
2 Rüter in Frankfurter Rundschau vom 07.08.1999 „Die Deutsche Welle, Schaufenster der Republik“, vgl. die Stellungnahme der Staatskanzlei Nordrhein-Westfalen, zit. in epd medien Nr. 65 vom 21.08.1999, S. 15 f.
3 Stolte, zit. in Süddeutsche Zeitung vom 30.09.1999 „Deutsche Welle? German Television!“
4 vgl. Abschlussbericht der gemeinsamen Arbeitsgruppe von ARD, ZDF und Deutsche Welle vom 25.06.1999, abgedr. in epd medien Nr. 56/99

der Gesetzgeber, der das Wesentliche selbst zu regeln hat.[5] Ihre Aufgabe besteht darin, den ihnen vorgeschriebenen angestammten Rundfunkauftrag, derentwegen sie als unabhängige öffentlich-rechtliche Anstalten gegründet worden sind, zu erfüllen.[6] Teilweise haben die Landesparlamente diesen Auftrag ausdrücklich in den Landes-rundfunkgesetzen bzw. Staatsverträgen festgeschrieben:

So heißt es etwa in § 3 Abs. 2 WDR-Gesetz, dass der WDR „verpflichtet ist, das Land Nordrhein-Westfalen (Sendegebiet) gleichwertig zu versorgen". Nach § 18 Abs. 1 Landesrundfunkgesetz des Saarlands „umfasst der Anstaltsbereich das Saarland". Ebenso heißt es etwa in § 2 Abs. 1 Radio Bremen-Gesetz, dass „Aufgabe der Anstalt die Veranstaltung von Rundfunk in Bremen ist".

Wie diese Beispiele verdeutlichen, hat der Gesetzgeber die Aufgabe der einzelnen öffentlich-rechtlichen Sender zur Rundfunkversorgung auf seinen Kompetenz- und Regelungsbereich und damit gebietsmäßig begrenzt. Das gilt nicht nur für einzelne Landesrundfunkanstalten. Diese Beschränkungen sehen ebenso die staatsvertrag-lich für mehrere Länder wie auch national für das ZDF-Fernsehprogramm getrof-fenen Vereinbarungen vor:

So heißt es etwa in § 5 Abs. 1 ZDF-Staatsvertrag, dass „in den Sendungen des ZDF den Fernsehteilnehmern in Deutschland ein objektiver Überblick über das Weltgeschehen, insbesondere ein umfassendes Bild der deutschen Wirklichkeit vermittelt werden" soll. Ähnlich lautet § 3 Abs. 1 Medienstaatsvertrag Berlin/Brandenburg, wonach „die Landesrundfunkanstalten kooperieren mit dem Ziel, die Bevölkerung beider Länder mit Hörfunk- und Fernsehprogramm zu versor-gen, …". Entsprechend bestimmt auch § 1 Abs. 1 MDR-Staatsvertrag, dass der Mitteldeutsche Rundfunk „zur Veranstaltung von Rundfunk in den Ländern Sachsen, Sachsen-Anhalt und Thüringen (Sendegebiet)" mit Sitz in Leipzig er-richtet wird. Beinahe wortgleich lautet auch § 1 Abs. 1 NDR-Staatsvertrag, dass der Norddeutsche Rundfunk eine Anstalt „zur Veranstaltung von Rundfunksendungen in den Ländern Freie und Hansestadt Hamburg, Mecklenburg-Vorpommern, Niedersachsen, Schleswig-Holstein (Sendegebiet)" ist.

Die organisationsrechtlichen Grundlagen der einzelnen Rundfunkanstalten er-mächtigen und beschränken diese somit grundsätzlich auf eine Tätigkeit innerhalb des räumlichen Kompetenzbereichs des zuständigen Gesetzgebers.[7] Von daher wäre eine Programmveranstaltung der ARD-Anstalten bzw. des ZDF außerhalb ihres landesweiten bzw. im Falle des ZDF nationalen Versorgungsgebietes für das Ausland ausgeschlossen.

Somit steht es nicht im Belieben der Landesrundfunkanstalten oder des ZDF, außerhalb ihres zugewiesenen jeweiligen landesweiten bzw. nationalen Sende

---

5   vgl. BVerfGE 47, S. 45 ff., 75 ff.; 49, S. 89 ff., 126 f.; 57, S. 295 ff., 320 f.

6   vgl. BVerfGE 12, S. 205 ff., 261 ff.; 31, S. 314 ff., 329

7   vgl. Degenhart in Bonner Kommentar (1988), Art. 5 Abs. 1 und 2 Rdz. 636 f.; Bullinger in AfP 1985, S. 1 ff., 2

bereichs tätig zu werden. Der Auslandsrundfunk kann daher nach geltendem Recht nicht von ARD und ZDF übernommen werden.

3. Von diesem gebietsmäßig beschränkten Tätigkeits- und Aufgabenbereich gehen die Landesgesetzgeber auch ausweislich des Rundfunkgebührenstaatsvertrages aus. Sie haben sich darauf verständigt, dass die von den Teilnehmern zu entrichtenden Rundfunkgebühren entsprechend ihres örtlichen Wohnsitzes der jeweiligen Landesrundfunkanstalt und dem ZDF zufließen sollen. Dies bestimmt ausdrücklich § 7 Rundfunkgebührenstaatsvertrag.

Damit wird aber abermals deutlich, dass die Länder sowohl bei der Gründung wie auch bei der einvernehmlichen Regelung des Gebührenaufkommens von einer gebietsmäßigen Begrenzung der Tätigkeit der Landesrundfunkanstalten innerhalb Deutschlands ausgegangen sind. Die räumlich begrenzte Abgabepflicht der Rezipienten ergäbe auch keinen Sinn, wenn diese zusätzlich für ein weitergehendes Rundfunkangebot im Ausland und damit außerhalb des eigenen Empfangsbereiches zahlen müssten.

Demgegenüber greift auch nicht der mögliche Einwand des grenzüberschreitend wirksamen gesetzlich vorgesehenen Finanzausgleichs zwischen dem Gebührenaufkommen der einzelnen Landesrundfunkanstalten durch. Dieser soll lediglich den finanzschwächeren Landesrundfunkanstalten einen Kostenausgleich verschaffen. Über dessen Sinnfälligkeit und Berechtigung besteht ohnehin seit längerem Streit.[8] Eine Legitimation für weitere, nicht jeweils landesbezogene oder möglicherweise supranationale Aktivitäten ist damit jedoch keinesfalls verbunden.

Ebenso wenig würde der Einwand durchgreifen, dass nach der Rechtsprechung die Gebührenpflicht der Teilnehmer als Gegenleistung für die „Gesamtveranstaltung Rundfunk"[9] verstanden wird.

Darunter könnte zwar begrifflich auch die Veranstaltung von Programmen für das Ausland fallen. Nach der Rechtsprechung des Bundesverfassungsgerichts betrifft die Rundfunkgebühr als Gegenleistung für die Grundversorgung des öffentlich-rechtlichen Rundfunks jedoch nur die gebietsbezogenen, insbesondere nationalen Programme.[10] Auch nach der Rechtsprechung des Bundesverwaltungsgerichts soll mit der Gebühr das in Deutschland bestehende duale System und damit die „nationale Rundfunkveranstaltung" abgegolten werden.[11] Unter dem Aspekt der Gebührenpflicht der einzelnen Zuschauer wird damit ebenfalls klar, dass nach den getroffenen Regelungen diese nur auf Grund der nationalen Verbreitung in Deutschland anfällt und nicht etwa für einen Auslandsrundfunk.

Damit wird deutlich, dass der Programmauftrag der Landesrundfunkanstalten sich auf das jeweilige, in den meisten Rundfunkgesetzen auch ausdrücklich als

---

8 vgl. Hesse, Rundfunkrecht, 2. Aufl., S. 201 ff.
9 vgl. BVerwG in ZUM 1999, S. 496 ff.
10 vgl. BVerfGE 73, S. 118 ff., 158
11 vgl. BVerwG in ZUM 1999, S. 496 ff., 498

Sendegebiet deklarierte Landesgebiet begrenzt. Auch aus dieser Sicht heraus können ARD und ZDF den Auslandsrundfunk nach geltendem Recht nicht übernehmen.

4. Neben dem Programmauftrag von ARD und ZDF wird die rechtliche Ausgangslage aber auch von den Rechtsgrundlagen der DW bestimmt.

Einerseits ist der Programmauftrag in Artikel 1 § 4 des Gesetzes über den deutschen Auslandsrundfunk vom 16. 12. 97 zu berücksichtigen. Danach sollen „die Sendungen der Deutschen Welle … den Rundfunkteilnehmern im Ausland ein umfassendes Bild des politischen, kulturellen und wirtschaftlichen Lebens in Deutschland vermitteln und ihnen die deutschen Auffassungen zu wichtigen Fragen darstellen und erläutern."

Da der DW diese Aufgabe der Versorgung mit Rundfunk im Ausland obliegt, muss deshalb gewährleistet sein, dass sie ungeschmälert die Programmhoheit behält. Dies bestimmt auch ausdrücklich § 8 Abs. 3 Deutsche Welle-Gesetz, wonach die Zusammenarbeit mit Rundfunkanstalten und Rundfunkveranstaltern nur zulässig ist, „sofern die redaktionelle Unabhängigkeit der Deutschen Welle unberührt bleibt." In demselben Sinne bestimmt § 9 Abs. 5 DW-Gesetz, dass „eine Einflussnahme auf die Gestaltung und den Inhalt der Sendungen der Deutschen Welle durch Dritte nicht zulässig ist und sie bei der Verwendung von Auftrags-, Gemeinschaftsoder Fremdproduktionen eigenverantwortlich sicherstellt, dass diese den Vorschriften des Deutsche Welle-Gesetzes entsprechen".

Unter dieser Prämisse bestehen keine Bedenken, dass die DW entsprechend der gesetzlichen Erlaubnis in § 8 Abs. 1 Satz 2 DW-Gesetz „bei ihrer Programmgestaltung Sendungen der öffentlich-rechtlichen Rundfunkanstalten der Länder verwenden kann." Das ist zu betonen: kann und nicht muss.

Eine schlichte Programmzulieferung der Landesrundfunkanstalten und des ZDF nach den dargestellten Vorgaben kann somit nur zulässig sein, soweit damit, wie dargestellt, nicht die Programmhoheit der DW verletzt würde. Insbesondere muss deren programmliche Zuständigkeit und damit redaktionelle Verantwortung unangetastet bleiben.

Andererseits wäre aber aus dem Blickwinkel von ARD und ZDF deren gesetzlicher Rundfunkauftrag nur dann nicht verletzt, wenn es sich bei ihren Beiträgen um Zulieferungen handelt, die nicht zu weiteren Aufwendungen bei ihnen führen, die sich in der Höhe der Rundfunkgebühr niederschlagen würden. Solche Programmzulieferungen gibt es bereits seit längerem, für die die DW – etwa wegen des notwendigen Erwerbs der Lizenzrechte – kostenmäßig aufkommt.[12] Dementsprechend schlugen solche Programmzulieferungen bisher nicht bei den Gebührenanmeldungen der öffentlich-rechtlichen Rundfunkanstalten bei der KEF zu Buche. Diese

---

12 vgl. Frankfurter Rundschau vom 22. 10. 1999 „Deutsche Welle TV – eine (un)mögliche Mission?"

Zulieferungen sind auch von Seiten der ARD und des ZDF somit gesetzlich erlaubt und deshalb unschädlich.

5. Damit stellt sich nun freilich die weitergehende Frage, ob die Landesrundfunkanstalten und das ZDF über dieses Angebot hinaus auch in größerem Umfang als bisher Programmleistungen für die DW übernehmen könnten. Entsprechende Vorschläge sieht das Diskussionspapier der Arbeitsgruppe der DW, der ARD und des ZDF vor.

So wird ein „kombiniertes Vertriebs- und Patronanzmodell" überlegt, bei dem im Gegensatz zu der bisher schon praktizierten Programmzulieferung die DW wohl als Veranstalterin nach außen aufträte, die ARD-Landesrundfunkanstalten und das ZDF jedoch im Innenverhältnis die Programmverantwortung und damit die Programmhoheit zu übernehmen hätten. Darüber hinaus sieht dieses Modell aber auch vor, dass die Beiträge extra für das Auslandsfernsehen produziert und nicht nur ein weiteres Mal zur Ausstrahlung im Ausland verwertet werden.[13]

Vor dem Hintergrund der oben festgestellten Grundsätze ist zu überlegen, ob solche weitergehenden Alternativen rechtlich einwandfrei wären.

Diese müssten zunächst dem Auftrag der Landesrundfunkanstalten und des ZDF entsprechen. Auftrag der ARD-Rundfunkanstalten und des ZDF ist zunächst die Erfüllung der Grundversorgung.[14] Wie bereits ausgeführt wurde, beschränkt sich die den Anstalten zugewiesene Aufgabe aber territorial auf das Gebiet der Bundesrepublik Deutschland. Von daher kann es sich bei den für den Auslandsrundfunk erstellten und im Innenverhältnis verantworteten Programmbeiträgen für die DW nur um solche handeln, die außerhalb des Grundversorgungsauftrags liegen.

Nach der ständigen Rechtsprechung des Bundesverfassungsgerichts sind zwar dem öffentlich-rechtlichen Rundfunk Programme außerhalb der Grundversorgung nicht von vornherein verboten. Anderenfalls träte – so die nähere Begründung – eine Verkürzung der Meinungsfreiheit ein, die gerade auf Grund seiner der individuellen und öffentlichen Meinungsbildung dienenden Funktion ausgeschlossen werden soll.[15]

Bereits im 5. Rundfunkurteil hat das Gericht festgestellt, dass es neben der Grundversorgung auch sonstige Programme geben kann, mit denen die Meinungsfreiheit bereichert wird und die deshalb auch nicht den Rundfunkanstalten untersagt werden können.[16]

Zusätzlich verlangt das Bundesverfassungsgericht jedoch in seiner Rechtsprechung, dass auch solche Programme außerhalb der Grundversorgung jedenfalls für die dem öffentlich-rechtlichen Rundfunk zugewiesene Funktion erforderlich sein

---

13 vgl. Abschlussbericht der gemeinsamen Arbeitsgruppe von ARD, ZDF und Deutsche Welle vom 25. 06. 1999, abgedr. in epd medien Nr. 56/99
14 vgl. BVerfGE 74, S. 297 ff., 324
15 vgl. BVerfGE 74, S. 297 ff., 332
16 vgl. BVerfGE 74, S. 297 ff., 332

müssen.[17] Die Funktion der ARD-Anstalten und des ZDF ist aber – wie bereits dargestellt – in den Landesrundfunkgesetzen und dem ZDF-Staatsvertrag niedergelegt und umfasst die gesamte Tätigkeit dieser Anstalten. Hiernach beschränkt sich somit der Auftrag der öffentlich-rechtlichen Sender auf die der individuellen und öffentlichen Meinungsbildung dienenden Funktion für die Teilnehmer in der Bundesrepublik Deutschland. Die gesonderte Erstellung von Programmen für das Auslandsfernsehen bei gleichzeitiger interner Programmverantwortung für diese Beiträge stellt sich aber als eine Betätigung dar, die auf die individuelle und öffentliche Meinungsbildung außerhalb des Sendegebiets gerichtet ist und demgemäß nicht mehr von der Funktion der territorial verpflichteten Rundfunkanstalten gedeckt ist.

Die dargestellten zusätzlichen Programmaktivitäten der ARD-Anstalten und des ZDF für ein Auslandsfernsehen würden aber auch dem verwaltungsrechtlich begrenzten Anstaltszweck der jeweiligen Landesrundfunkanstalten und des ZDF widersprechen. Danach beschränkt sich der zulässige Tätigkeitsbereich der Anstalt auf den durch Gesetz oder Satzung zugewiesenen Aufgaben- und Wirkungskreis,[18] womit Aktivitäten außerhalb deren Anstaltszwecks rechtlich unzulässig sind.

Auch aus dieser Sicht ist es also gesetzlich ausgeschlossen, dass die ARD-Anstalten und das ZDF in größerem Umfang statt oder mit der DW für das Auslandsfernsehen tätig werden.

6. Im Hinblick auf die soeben aufgezeigten beschränkten Möglichkeiten der Landesrundfunkanstalten und des ZDF liegt die Überlegung nahe, diese durch eine Abänderung des Programmauftrags in den Landesrundfunkgesetzen bzw. den Staatsverträgen zu erweitern.

Grundsätzlich kommt dem Gesetzgeber ein weites Ermessen zu, wie er die Rundfunkordnung ausgestaltet.[19] Grenzen ergeben sich lediglich durch die Verfassung selbst.[20] Damit stellt sich im vorliegenden Zusammenhang konkret die Frage, ob der Landesgesetzgeber befugt wäre, den einzelnen Landesrundfunkanstalten Aufgaben des Auslandsrundfunks zuzuweisen, wie sie bisher von der DW wahrgenommen werden. Dies könnte sowohl die völlige Übernahme des Auslandsfernsehens durch ARD und ZDF als auch die Einführung des zitierten Patronanzmodells mit der Zulieferung eigens erstellter Beiträge in eigener Programmverantwortung betreffen.

a) Insofern stellt sich jedoch bereits ein kompetenzrechtliches Problem. Die legislative Zuständigkeit für den Auslandsrundfunk und damit auch für die DW ergibt sich aus Artikel 73 Nr. 1 Grundgesetz, wonach dem Bund die ausschließ-

---

17 vgl. BVerfGE 87, S. 181 ff., 201; 90, S. 60 ff., 92 ff.
18 vgl. BGHZ 20, S. 119 ff.; vgl. auch Forsthoff, Lehrbuch des Verwaltungsrechts, 3. Aufl., S. 374 ff.; Hadding in Soergel, 12. Aufl., Rdz. 23 ff. vor § 21
19 vgl. BVerfGE 57, S. 295 ff., 321; 87, S. 181 ff., 198; 90, S. 60 ff., 94
20 vgl.BverfGE 74, 297 ff., 334

liche Gesetzgebung über die „auswärtigen Angelegenheiten" zusteht.[21] Dementsprechend liegt nach Artikel 87 Abs. 3 Satz 1 GG auch die Verwaltungskompetenz beim Bund, wonach „für Angelegenheiten, für die dem Bund die Gesetzgebung zusteht, ... Anstalten des öffentlichen Rechts durch Bundesgesetz errichtet werden" können.[22]

Die ausschließliche Zuständigkeit des Bundes für den Auslandsrundfunk hat zwar das Bundesverfassungsgericht in seinem ersten Rundfunkurteil nicht eindeutig bestätigt, da hierüber in der Sache selbst nicht zu entscheiden war.[23] Dass es sich um eine originäre Angelegenheit des Bundes handelt, entspricht jedoch der mittlerweile herrschenden Auffassung im Schrifttum.[24] Dem ist zuzustimmen, da dessen Sendungen im Kern der vorbereitenden Pflege auswärtiger Beziehungen dienen.[25]

Von daher wären die Landesgesetzgeber nicht berechtigt, über die in dem Grundgesetz festgelegte Kompetenzordnung hinweg die Landesrundfunkanstalten und das ZDF mit Aufgaben des Auslandsrundfunks zu verpflichten. Insofern weist zu Recht auch die interne Arbeitsgruppe der DW, der Landesrundfunkanstalten und des ZDF in ihrem Positionspapier auf die damit einhergehenden kompetenzrechtlichen Probleme hin.[26]

  b) Eine Zuweisung von Aufgaben im Bereich der DW an die ARD-Anstalten und das ZDF durch die Landesgesetzgeber dürfte aber ebenfalls nach den verfassungsrechtlichen Grundlagen der Rundfunkordnung nach Artikel 5 GG auf erhebliche Bedenken stoßen.

---

21 vgl. Herrmann, Fernsehen und Hörfunk in der Verfassung der Bundesrepublik Deutschland, 1975, S. 258 ff.; Hartstein/Ring/Kreile/Dörr/Stettner, Rundfunkstaatsvertrag, 2. Aufl., Allg. Erläuterungen Rdz. 54 ff., Kreile, Kompetenz und kooperativer Föderalismus, 1986, S. 125 ff.; Dörr, Die verfassungsrechtliche Stellung der Deutschen Welle, 1996, S. 20 ff.

22 Fastenrath, Kompetenzverteilung im Bereich der auswärtigen Gewalt, 1986, S. 177 ff.; Stammler in ZUM 1988, S. 274 ff., 277; Lerche, Zum Kompetenzbereich des Deutschlandfunks, 1963, S. 16, Köstlin, Die Kulturhoheit des Bundes 1989, S. 171 ff.; Herrmann, Fernsehen und Hörfunk in der Verfassung der Bundesrepublik Deutschland, 1975, S. 273

23 vgl. BVerfGE 12, S. 205 ff., 241 ff.

24 vgl. neben der in Fn 21 angegebenen Literatur auch Ossenbühl, Rundfunkfreiheit und Finanzautonomie des Deutschlandfunks, 1969, S. 4 ff.; Schneider, Die Zuständigkeit des Rundfunks im Rundfunk- und Fernsehbereich in: FS für Carstens, Band 2, 1984, S. 817, 819, 821; Schote, Die Rundfunkkompetenz des Bundes als Beispiel bundesstaatlicher Kulturkompetenz in der Bundesrepublik Deutschland, 1999, S. 150; Bullinger in AfP 1985, S. 257; Remmele, Die Selbstdarstellung der Bundesrepublik Deutschland im Ausland durch den Rundfunk als Problem des Staats- und Völkerrechts, 1979, S. 15 ff.; Ricker in NJW 1988, S. 453 ff., 455

25 vgl. Dörr, Die verfassungsrechtliche Stellung der Deutschen Welle, 1996, S. 21

26 vgl. Abschlussbericht der gemeinsamen Arbeitsgruppe von ARD, ZDF und Deutsche Welle vom 25. 06. 1999, abgedruckt in epd Medien Nr. 56/99

Nach der ständigen Rechtsprechung des Bundesverfassungsgerichts kommt den Landesrundfunkanstalten und dem ZDF die Aufgabe zu, die klassische Funktion des Rundfunks wahrzunehmen und damit die Grundversorgung zu erfüllen.[27] Die Aufgabe des öffentlich-rechtlichen Rundfunks für das Inland konkretisiert sich demnach in seinem Dienst für die individuelle und kollektive Meinungsbildung und insbesondere für die politische Willensbildung, indem ein allgemeiner Meinungsmarkt, wie es das Bundesverfassungsgericht ausgedrückt hat, erstellt wird.[28]

Wie wichtig die ungehinderte Zugriffsmöglichkeit auf ein möglichst umfassendes massenmediales Informationsangebot zur Selbstverwirklichung jedes Einzelnen und damit der grundrechtlich in Artikel 1 und 2 GG geschützten Persönlichkeitsrechte ist, hat das Bundesverfassungsgericht mehrfach betont.[29] In seiner einschlägigen Rechtsprechung hat das Gericht ebenso die konstitutive Bedeutung der Rundfunkfreiheit und ihrer, der öffentlichen Meinungsbildung dienenden Funktion für den demokratischen Staat herausgestellt.[30]

Auch ohne dies ausdrücklich kenntlich machen zu müssen, bezieht das Bundesverfassungsgericht diese Aufgabe auf den Geltungsbereich der Verfassung und damit auf das Gebiet der Bundesrepublik Deutschland. Von daher kommt den Landesrundfunkanstalten und dem ZDF als Träger der Rundfunkfreiheit in Artikel 5 GG nicht die Aufgabe zu, im Ausland und damit außerhalb der Bundesrepublik und damit des Geltungsbereiches des Grundgesetzes dem Persönlichkeitsrecht Einzelner bzw. dem demokratischen Gesellschaftssystem in der Bundesrepublik zu dienen.[31] Insofern unterscheidet sich die Aufgabe der ARD-Anstalten und des ZDF vom Auslandsrundfunk, wie er von der DW wahrgenommen wird.[32]

Der grundsätzliche Unterschied des Programmauftrags der ARD-Rundfunkanstalten und des ZDF einerseits und der DW andererseits zeigt, dass die Kompetenz des Landesgesetzgebers, für die Förderung der Demokratie und der Persönlichkeitsentfaltung des Einzelnen durch Rundfunk zu sorgen, auf das Territorium der Bundesrepublik Deutschland beschränkt ist.

Die Reduktion der Kompetenz des Landesgesetzgebers auf die Rundfunkversorgung im Inland steht auch nicht im Widerspruch zu der Existenz von Gemeinschaftsprogrammen wie etwa 3sat und ARTE nach § 19 Abs. 3 Rundfunkstaatsvertrag, an denen ausländische Rundfunkanstalten gemeinsam mit dem inländischen öffentlich-rechtlichen Rundfunk beteiligt sind. Bei den genannten

---

27 vgl. BVerfGE 73, S. 118 ff., 157 ff.; 74, S. 29/ ff., 324 ff.; 87, S. 181 ff., 198 ff.
28 vgl. BVerfGE 57, S. 295 ff., 323
29 vgl. BVerfGE 27, S. 71 ff. 81 f.
30 vgl. BVerfGE 74, S. 297 ff., 328
31 vgl. Dörr, Die verfassungsrechtliche Stellung der Deutschen Welle, 1996, S. 32
32 vgl. § 4 Deutsche-Welle-Gesetz

Programmen handelt es sich um solche, die jedenfalls auch der Funktion des Rundfunks in der Bundesrepublik Deutschland dienen, indem sie auch hier einen allgemeinen Meinungsmarkt schaffen und damit im Interesse der individuellen und öffentlichen Meinungsbildung tätig werden. Von daher unterscheiden sich 3sat und ARTE aber ganz wesentlich von dem Auftrag, den der Auslandsrundfunk Deutsche Welle besitzt.

Insgesamt kann daher festgestellt werden, dass aus Artikel 5 folgt, dass der Landesgesetzgeber keine Möglichkeit hat, den Auftrag der ARD-Anstalten und des ZDF über den Rahmen hinaus auszudehnen, den Artikel 5 GG vorsieht. Die Rundfunkfreiheit soll einen Meinungsmarkt im Dienste der individuellen und öffentlichen Meinungsbildung effektuieren, der auf das Inland konzentriert ist und nicht auf das Ausland.

c) Einer Verpflichtung der ARD-Landesrundfunkanstalten und des ZDF durch den Gesetzgeber, das Auslandsfernsehen zu übernehmen oder eigenständige Beiträge für das Ausland unter eigener Programmverantwortung, jedenfalls auch nach innen, zu erstellen, stünden aber auch die Finanzierungsgrundsätze des Rundfunks wie auch die Rechtsprechung zur Zulässigkeit von Sonderabgaben entgegen, und zwar aus folgenden Gründen:

Wie das Bundesverfassungsgericht zur Rundfunkfinanzierung und zu ihrem Zweck festgestellt hat, soll sie „den öffentlich-rechtlichen Rundfunk in den Stand setzen, die zur Erfüllung seiner Funktion erforderlichen Programme zu verwirklichen und auf diese Weise die Grundversorgung der Bevölkerung mit Rundfunk sicherzustellen."[33]

Wie das Gericht in seinem 8. Rundfunkurteil präzisiert, hat „der öffentlich-rechtliche Rundfunk im dualen System dafür zu sorgen, dass ein dem klassischen Rundfunkauftrag entsprechendes Programm für die gesamte Bevölkerung angeboten wird ... Auf die Verwirklichung von Programmen, die für diese Funktion nicht erforderlich sind, hat er von Verfassungs wegen keinen Anspruch. Vielmehr ist die Heranziehung der Rundfunkteilnehmer, die die Mittel für den öffentlich-rechtlichen Rundfunk vor allem aufbringen müssen, nur in dem Maße gerechtfertigt, das zur Funktionserfüllung geboten ist".[34]

Die Rundfunkgebühr korreliert demnach mit dem Programmauftrag des öffentlich-rechtlichen Rundfunks. Dieser liegt in dessen klassischer Funktion, mit dem die Grundversorgung in dem bestehenden dualen System in der Bundesrepublik erfüllt wird. Hierzu gehört nach der Rechtsprechung des Bundesverfassungsgerichts ein „Programm für die gesamte Bevölkerung".[35] Deshalb schreibt es, wie bereits ausgeführt wurde, den Rundfunkanstalten im 4. Rundfunkurteil

---

33 vgl. BVerfGE 90, S. 60 ff., 93
34 vgl. BVerfGE 87, S. 181 ff., 201; 90, S. 60 ff., 92
35 vgl. BVerfGE 90, S. 60 ff., 92

gerade die Versorgung mit gebietsbezogenen nationalen Programmen als Aufgabe zu.[36]

Da sich somit die spezifische Funktion der Landesrundfunkanstalten und des ZDF auf das Bundesgebiet bezieht, wären Aufwendungen für ein Auslandsfernsehen nach den oben zitierten Feststellungen des Bundesverfassungsgerichts nicht mehr erforderlich.

Weiterhin ist festzustellen, dass die geschilderten Aktivitäten der ARD-Anstalten und des ZDF nicht den Rundfunkteilnehmern in der Bundesrepublik zugute kommen. Von daher ergibt sich unter den Grundsätzen der Rundfunkfinanzierung schließlich ein abgabenrechtliches Problem. Bisher ist offen geblieben, ob die Rundfunkgebühr eine Abgabe im rechtlichen Sinne ist oder nicht. Freilich hat das Bundesverwaltungsgericht in seiner neueren Rechtsprechung festgestellt, dass unabhängig von diesem Befund jedenfalls auch bei der Rundfunkgebühr die Gruppennützigkeit gegeben sein muss, die eine der Voraussetzungen einer rechtmäßigen Abgabe sei. Das Gericht hat im konkreten Fall den Tatbestand der Gruppennützigkeit bejaht, da die Programme des öffentlich-rechtlichen Rundfunks den Teilnehmern zugute kommen, einerlei, ob sie sie nutzen oder nicht.[37] Da aber das Auslandsfernsehen nach § 4 Deutsche Welle-Gesetz ausdrücklich nicht für die Teilnehmer im Inland und damit die Gebührenzahler gedacht ist, kann insoweit die Gruppennützigkeit solcher Rundfunkveranstaltungen für die inländischen Rundfunkteilnehmer auch nicht angenommen werden. Auch von daher ist eine Ausdehnung der von den Inländern finanzierten öffentlich-rechtlichen Landesrundfunkanstalten und des ZDF auf Rundfunkaktivitäten im Ausland abzulehnen.

Da sich somit die spezifische Funktion der Landesrundfunkanstalten und des ZDF auf das Bundesgebiet bezieht, wären Aufwendungen für ein Auslandsfernsehen zur Wahrung dieser Funktion entgegen der Rechtsprechung des Bundesverfassungsgerichts nicht mehr erforderlich. Da sie nicht den Rundfunkteilnehmern in der Bundesrepublik Deutschland zugute kommen, entsprechen sie auch nicht dem abgabenrechtlichen Kriterium der Gruppennützigkeit. Dementsprechend würde insoweit die Legitimität der Rundfunkgebühr entfallen.

7. Insgesamt ist festzuhalten, dass jede Form einer Veranstaltung des Auslandsfernsehens, wie es bisher von der DW wahrgenommen wird, nicht von den ARD-Rundfunkanstalten und dem ZDF ausgeübt werden kann.

Vielmehr bleibt es bei den gesetzlich zulässigen Programmzulieferungen an die DW, die diese auf eigene Kosten und unter eigener redaktioneller Verantwortung in ihr Auslandsprogramm integrieren kann.

Dem Landesgesetzgeber wäre es nicht erlaubt, den Programmauftrag der ARD-Anstalten und des ZDF dahingehend zu erweitern, dass diese das Auslandsfernsehen

---

36 vgl. BVerfGE 73, S. 118 ff., 158
37 vgl. BVerwG in ZUM 1999, S. 496 ff., 500; vgl. auch BVerfGE 90, S. 60 ff., 105 ff.

insgesamt oder über die bisher bereits mögliche Kooperation hinaus Aufgaben der DW übernehmen, indem sie etwa gesonderte Beiträge erstellen und jedenfalls intern die Programmverantwortung hierfür tragen. Dem stünden die ausschließliche Kompetenz des Bundes zur Regelung der auswärtigen Angelegenheiten und damit des deutschen Auslandsrundfunks wie auch die verfassungsrechtlichen Grundlagen der Rundfunkordnung nach Artikel 5 GG sowie die Grundsätze der Rundfunkfinanzierung entgegen. Dementsprechend bleibt es die Aufgabe des Bundes, auf Grund seiner grundgesetzlich zugewiesenen Gesetzgebungs- und Verwaltungskompetenz das Rundfunkwesen für das Ausland zu gestalten.

Thesen zum Referat[*]

1. Auf Grund der Kürzung der Steuergelder des Bundes für die Finanzierung der DW wird vorgeschlagen, die ARD-Anstalten und das ZDF stärker in das Auslandsfernsehen zu integrieren, um damit Kosten zu senken. Diese Vorschläge reichen von einer Übernahme des gesamten Auslandsfernsehens durch ARD und ZDF bis hin zur Erstellung eigenständiger Beiträge für die DW in eigener Programmverantwortung.

2. Solche Pläne haben sich zunächst an dem in den Rundfunkgesetzen und Staatsverträgen niedergelegten Programmauftrag zu orientieren. Dieser beschränkt sich jedoch auf den räumlichen Kompetenzbereich des jeweiligen Gesetzgebers. Hieran knüpft auch die Gebührenpflicht an, die der Teilnehmer zur Finanzierung der jeweiligen Landesrundfunkanstalt hat. Von daher gibt das geltende Recht keine Möglichkeit, dass ARD und ZDF das Auslandsfernsehen übernehmen.

3. Daneben ist der Programmauftrag der DW zu beachten. Dieser ist die Zusammenarbeit mit Dritten nur gestattet, soweit ihre redaktionelle Unabhängigkeit unberührt bleibt. In diesem Umfang kann die Auslandsrundfunkanstalt mit ARD und ZDF zusammenarbeiten. Nach geltendem Recht sind Zulieferungen von ARD und ZDF unter der Prämisse möglich, dass es sich um Beiträge für das eigene Programm handelt, die zu keinen weiteren Aufwendungen führen.

4. Eine weitergehende Möglichkeit, eigens für den Auslandsrundfunk erstellte Beiträge in eigener Verantwortung und auf eigene Rechnung auszusenden, wäre nach geltendem Recht weder vom Auftrag zur Grundversorgung noch von einem weitergehenden Funktionsauftrag von ARD und ZDF gedeckt.

5. Eine Erweiterung des Programmauftrags der Landesrundfunkanstalten und des ZDF in der geschilderten Weise durch den Landesgesetzgeber wäre ebenso problematisch.
   Ihr stünde schon der Mangel der Gesetzgebungsbefugnis für die auswärtigen Beziehungen nach dem Grundgesetz entgegen.

---

[*] schriftlich während des Symposiums verteilt

Eine Kompetenzerweiterung durch den Landesgesetzgeber wäre weiterhin deswegen problematisch, weil Aufgabe der Landesrundfunkanstalten und des ZDF nach dem Grundgesetz ist, den Meinungsmarkt in Deutschland zu effektuieren und damit hier der individuellen und kollektiven Meinungsfreiheit zu dienen. Schließlich stünde eine Kompetenzerweiterung auch im Widerspruch zu den vom Bundesverfassungsgericht niedergelegten Grundsätzen der Rundfunkfinanzierung und abgabenrechtlichen Anforderungen. Die Finanzierung hat den beschriebenen Programmauftrag von ARD und ZDF und damit ein entsprechendes Programm „für die gesamte Bevölkerung" sicherzustellen. Die Sendungen des Auslandsrundfunks gehören schon deshalb nicht in diesen Bereich, weil sie ein Bild Deutschlands im Ausland vermitteln sollen. Da dies dem Rundfunkteilnehmer in Deutschland nicht zugute kommt, fehlt es abgabenrechtlich am Merkmal der Gruppennützigkeit.

Diskussion der Referate

Moderation: *Prof. Dr. Bernd Holznagel LL. M.,* Universität Münster

Prof. Dr. Dieter Dörr
Nachdem wir nun die drei Referate gehört haben, kommen wir zur Diskussion. Ich darf deshalb die Leitung an Herrn Bernd Holznagel von der Universität Münster, ein im Bereich des Rundfunkrechts allseits ausgewiesener und bekannter Kollege, weitergeben.

Prof. Dr. Bernd Holznagel LL. M., Universität Münster
Man möchte fast die Frage stellen, ob die Deutsche Welle nach Ihren Ausführungen, Herr Ricker, überhaupt in der ARD mitwirken darf, wenn denn die ARD ausschließlich eine inländische Zuständigkeit hat. Aber die Fragen, die Sie aufgeworfen haben, sind sicherlich von grundsätzlicher Bedeutung und ich denke, dass man die Problematik, ob die Länder aus verfassungsrechtlicher Sicht geblockt sind, sich in irgendeiner Form am Auslandsrundfunk zu beteiligen, durchaus hier zu einem Schwerpunkt der Diskussion machen sollte. Dies wäre mein Vorschlag. Aber ich möchte die Diskussion natürlich auch im Hinblick auf die anderen Vorträge nicht determinieren.

Prof. Dr. Hartmut Schiedermair, Universität zu Köln
Ich glaube, wir müssen hier schon unterscheiden: Wenn die Länder und Landesrundfunkanstalten grenzüberschreitend tätig werden, können sie dies natürlich nur in der Repräsentation des Landes, aber natürlich nicht in der des Bundes, denn sonst würden sie in die Kompetenz des Bundes eingreifen. Die Außendarstellung der Bundesrepublik als Bund ist ausschließlich Sache des Bundes nach Art. 32 GG. Den Ländern bleibt unbenommen – auch bei ARTE – in der Repräsentation ihrer selbst auch grenzüberschreitend tätig zu werden. Denn die Grenzen des Art. 32 Abs. 3 GG gelten hier nicht. Dort geht es nur um Verträge. Das muss man immer bei dieser Frage berücksichtigen und demgemäß differenzieren.

Dr. Adalbert Leidinger, Sprecher des Initiativkreises für den öffentlichen Rundfunk, Köln
Ich habe eine Frage zur Finanzierung. Bei der Frage ‚Wie sollen öffentlich formulierte Aufträge finanziert werden?' stellt sich das so genannte Konnexitätsprinzip, das heißt derjenige, der den Auftrag erteilt, muss auch für die Finanzierung dieses Auftrags Sorge tragen. Nun ist das ein abendfüllendes Thema, ob das ein Verfassungsgrundsatz ist oder

ob dies mehr pragmatisch anzuwenden ist. Wenn wir uns die ARD/ZDF-Finanzierung anschauen, haben wir neuerdings zwischen den Anstalten als Anmelder von Bedarfen und dem Gebührenzahler die KEF zwischengeschaltet. Die KEF prüft den Finanzbedarf dieser Anstalten in drei Schritten. Einmal: Hält sich der angemeldete Bedarf innerhalb des gesetzlich formulierten Antrags für die Anstalten? Zum Zweiten: Ist dieser Bedarf unter Aspekten der Wirtschaftlichkeit und Effizienz vertretbar gerechtfertigt? Der dritte Schritt, der zwar nicht im Vordergrund der KEF-Prüfung steht, ist die Frage: Ist die daraus sich errechnende Gebühr für den Rezipienten zumutbar? Die Landesregierungen prüfen nach dem Vorschlag der KEF die ersten zwei Schritte genauso – da die Rundfunkgebühr ein politischer Preis ist, natürlich unter dem Gesichtspunkt der Akzeptanz der Höhe dieser Gebühr. Anders formuliert: Ist diese Gebühr, die dann errechnet wird, zumutbar? Ist sie äquivalent zur Leistung des öffentlichen Rundfunks?

Wenn ich nur diese Grundsätze der ARD/ZDF-Finanzierung übertrage auf die Finanzierung der DW, so müssten sich sachlogisch die gleichen Schritte ergeben. Also hat der Bund für seine Anstalt zu prüfen: Hält sich der angemeldete Finanzbedarf innerhalb des Auftrags? Darüber ist sehr viel bereits schon vorgetragen worden. Zweitens: Ist der Zuschuss, der beantragt wird, notwendig auch unter den Gesichtspunkten einer wirtschaftlichen Verwendung der Haushaltmittel? Die dritte Frage stellt sich natürlich auch, nicht so sehr jetzt in Bezug auf den Bürger, sondern auf den Haushalt des Bundes: Ist dieser Bedarf für den Bundeshaushalt zumutbar?

Das involviert natürlich die Frage der Priorität innerhalb der öffentlichen Aufgaben. Der Bund kann theoretisch natürlich sagen, angesichts dringender anderer öffentlicher Bedarfe muss ich den Zuschussbedarf für die DW entsprechend reduzieren. Weil aber die DW, wie bereits zutreffend ausgeführt worden ist, im Genuss der Rundfunkfreiheitsrechte ist, unterläge der Bund dann doch hier einem ganz besonderen Begründungszwang. Er könnte weder pauschale Kürzungsmaßnahmen auf den Haushaltsbedarf der DW ausdehnen noch könnte er mit dem pauschalen Argument, der Bundeshaushalt sei überfordert, in diesem Falle operieren. Dies gilt auch unter Berücksichtigung der Tatsache, dass hier Vertreter von Bundesregierung und Bundesrat in den Gremien der DW tätig sind. Sie haben natürlich neben dem Auftrag der Gremien auch die Finanzierungsinteressen des Bundes bei ihrer Mitwirkung in den Gremien der DW zu berücksichtigen. Die Frage ist also – wie Bert Brecht sagt, die Wahrheit ist immer konkret –: Wie konkret und handfest sind nun die Ansprüche der DW gegen ihren Auftraggeber – den Bund?

Dr. Dieter Stammler, Justitiar, DeutschlandRadio, Köln
Ich möchte gerne noch mal auf den Vortrag von Professor Ricker eingehen und die Frage nach der Möglichkeit einer Beteiligung von ARD und ZDF an auslandsgerichteten Aktivitäten etwas vertiefen. Ich habe Sie so verstanden, dass Sie die Auffassung vertreten, weder de lege lata noch de lege ferenda wäre es zulässig, dass ARD und ZDF sich an irgendwelchen auslandsgerichteten Aktivitäten, egal, ob in Fremdsprachen oder in deutscher Sprache, beteiligen. Dies sei nicht mehr gedeckt durch ihren ver-

fassungsmäßigen Auftrag. Anknüpfungspunkt für den Programmauftrag ist jedenfalls in den Rundfunkgesetzen, die Sie zitiert haben, ja zweierlei. Einmal das Sendegebiet, zum anderen die Adressaten. Deutsche, die sich im Ausland aufhalten, bleiben Inländer. Zwar ist die Versorgung von Deutschen im Ausland, seien es nun Urlauber oder länger dort lebende deutsche Staatsbürger, nicht mehr sendegebietsbezogen aufs Inland, aber dennoch auf Inländer, die sich im Ausland aufhalten, gerichtet. Ich kann noch nicht richtig nachvollziehen, warum es nicht zulässig sein sollte – jedenfalls de lege ferenda – auch diesen Auftrag durch Landesrundfunkanstalten – jedenfalls unter Beteiligung von Landesrundfunkanstalten – wahrnehmen zu können. Anderenfalls, wenn ich Ihre Ausführungen richtig verstanden habe, gäbe es eine Lücke. Die DW ist nach Ihren Ausführungen nur zuständig für die Versorgung von Ausländern; die Landesrundfunkanstalten sind sendegebietsbezogen nur zuständig für die Versorgung im Inland. Was ist mit der Versorgung von Inländern, die sich im Ausland aufhalten? Gibt es hier nicht eben doch einen Ansatzpunkt, um in Kooperation zwischen der Auslandsrundfunkanstalt DW und den Inlandsrundfunksendern eine Versorgung aufzubauen? Wenn dies nicht der Fall wäre, dann frage ich Sie: Wie ist es denn eigentlich mit der Befugnis von Landesrundfunkanstalten auf Kurzwelle Hörer zu versorgen, die im Ausland sich aufhalten? Die Kurzwelle ist nur dafür geeignet, außerhalb des inländischen Sendegebiets Hörer zu versorgen. Oder wie ist es mit der Anmietung von Satellitenkanälen, die auch schwerpunktmäßig aufs Ausland gerichtet sind? Wenn ich Ihre Ausführungen konsequent zu Ende denke, dann heißt dies doch, alle die Inlandsversorgung überschießenden Kosten dürften eigentlich überhaupt nicht über die Rundfunkgebühr finanziert werden.

Dieter Weirich
Ich habe nur eine Frage an Sie: Wo steht geschrieben, dass wir ausschließlich für die Versorgung von Ausländern zuständig sein sollen?

Dr. Dieter Stammler
Herr Intendant, ich habe hierzu nicht eine eigene Auffassung allein vertreten, sondern ich versuchte, die Ausführungen von Prof. Ricker noch mal etwas zu hinterfragen. Ich verstand seine Ausführungen so, dass dem so wäre. Das ist nicht meine persönliche Auffassung.

Anton-Josef Cremer, Bundesministerium für Wirtschaft, Bonn
Ich glaube, die Referenten waren sich einig darüber, dass die DW Trägerin des Grundrechts nach Artikel 5 Abs. 1 Satz 2 ist. Da gibt es wohl keinen Streit. Mir fiel da nur spontan ein: In Zeiten der Globalisierung, wenn ein deutscher Unternehmer sich weltweit betätigt, ohne in der Bundesrepublik Deutschland tätig zu sein, würde man ihm auch nicht Artikel 12 oder 14 absprechen wollen; also er könnte sich ja auch darauf berufen. Insofern ist die Situation vergleichbar.

Im Anschluss an Dr. Stammler wollte ich die Frage noch etwas zuspitzen. Prof. Ricker, Sie hatten sehr fein ziseliert: auf Sendegebiet bezogen, Landesrundfunkanstalten, Zuständigkeiten für Versorgung mit Rundfunk im Sendegebiet. Es ist so, dass – wie Dr. Stammler sagte – die Dritten Programme mittlerweile über Satellit bis weit nach Russland und wo auch immer hin zu empfangen sein werden. Es gibt Überlegungen im Bereich der öffentlich-rechtlichen Rundfunkanstalten, zunehmend auch Programme – ich betone Programme – ins Internet zu stellen. Sie sind dann nicht mehr nur bis Russland, sondern weltweit zu empfangen. Wie ist dann die Situation im Verhältnis zur DW zu sehen? Dann macht möglicherweise eine Landesrundfunkanstalt über „www" weltweit Programm, und wir finanzieren gleichzeitig über den Bundeshaushalt die Deutsche Welle, die im Grunde nichts anderes macht.

Prof. Dr. Reinhart Ricker
Es ist immer gut, wenn man noch einmal ins Gesetz schaut. Nach § 4 DW-Gesetz sollen die Sendungen der DW den Rundfunkteilnehmern im Ausland ein umfassendes Bild des politischen, kulturellen und wirtschaftlichen Lebens in Deutschland vermitteln und ihnen die deutschen Auffassungen zu wichtigen Fragen darstellen und erläutern. Das zeigt doch ganz deutlich, dass der Auftrag der DW sich an das Ausland richtet. Das sind in erster Linie diejenigen, die Ausländer sind. Aber es sind natürlich auch Deutsche, die im Ausland wohnen und dementsprechend dort versorgt werden wollen. Insofern kann man dann auch Artikel 5 und die dienende Funktion durchaus auch auf die DW anwenden, da Deutsche, die im Ausland wohnen, dort das Bild des kulturellen und wirtschaftlichen Lebens in Deutschland vermittelt bekommen. Sie sind Teilnehmer im Ausland. Also von daher ist das eigentlich gar kein Problem, was die DW angeht. So gestaltet sie auch ihre Sendungen.

Jetzt kommt das, Herr Stammler, was natürlich besonders interessant ist. Wie verhalten sich die Landesrundfunkanstalten? Da haben Sie einiges erwähnt. Das erste ist die Kurzwelle. Die Kurzwelle hat sicher von ihrer technischen Reichweite her nichts mit der Versorgung der inländischen Bürger zu tun. Wenn ich richtig informiert bin, sind das auch Frequenzen, die aus früherer Zeit diesen Sendern zugeteilt wurden. Darüber wird nicht diskutiert. Das wäre sicher eine interessante Frage, ob beispielsweise der Bayerische Rundfunk eine Kurzwellenfrequenz besitzen darf. Wenn ich das hygienisch betrachte, dann würde ich sagen, eher nicht.

Sehr viel dezidierter ist meine Auffassung zu den Satellitenfrequenzen von ARD und ZDF. Wenn die damit operieren, dass die Satellitenreichweite heute unverzichtbar ist, weil viele Teilnehmer im Inland gar nicht mehr über Terrestrik zu erreichen sind, dann mag das ja schlüssig sein. Dann ist es eine technische Frage, ob das stimmt oder nicht. Wenn es aber darum geht, Dritte Programme etwa in die ganze Welt zu strahlen, dann ist das dezidiert nicht der Programmauftrag der Landesrundfunkanstalten. Es ist nirgendwo geschrieben, dass vom Nordkap bis nach Marokko hin Dritte Programme, die ARD und das ZDF zu empfangen sind. Da könnte man natürlich sagen, wo liegen die Schwergewichte. Und das kann ich im Einzelnen hier nicht nachvollziehen, denn ich kann nichts über Reichweiten zuverlässig sagen. Ich will hier nicht mit Zahlen jonglieren. Wenn es wirklich so wäre, dass ARD und ZDF diese Satellitenfrequenzen benötigen, um die Inländer im Inland zu versorgen, dann mag das ein Overspill sein, der eben hinzunehmen ist. Wenn es aber darum geht, nach außen zu dringen, dann ist das nicht mehr die Aufgabe.

Nächster Punkt: Programme im Internet. Die sind schon da, Dr. Stammler. Bayern 5 können Sie ja im O-Ton in Neuseeland wunderbar empfangen, wenn Sie das entsprechende Geld dafür ausgeben. Das passiert – wie so manches im öffentlich-rechtlichen Rundfunk – auch klammheimlich. Da werden erstmal die Claims abgesteckt, und hinterher darf dann als Nachzügler noch der Gesetzgeber kommen. Es ist sehr die Frage, ob Bayern 5 im O-Ton dort zu Hause zu sein hat. Natürlich könnte man wieder sagen: Die jungen Leute, die schalten heute kein Radio mehr ein, die müssen wir auch erreichen. Wir müssen an allen Techniken teilnehmen, und dementsprechend müssen wir für die jungen Deutschen im Inland das Internet auch besetzen. Wenn diese Überlegung von den Statistiken her richtig ist, wäre es anders, als wenn man hier einen ganz neuen Dienst einrichten will. Ich sage bewusst Dienst. Denn worüber noch nicht hinreichend diskutiert worden ist, ist ob das, was Bayern 5 beispielsweise ins Internet stellt, überhaupt noch Rundfunk ist. Darüber ist ja momentan aus verschiedenen Gründen, nicht zuletzt wegen der Rundfunkgebühr, intensiver nachzudenken. Es ist die Frage, ob all das, was der öffentlich-rechtliche Rundfunk im Internet betreibt, überhaupt noch von seinem Rundfunkauftrag gedeckt ist.

Nur um keine Missverständnisse zu erzeugen: Bei der DW sehe ich das vollkommen anders. Die DW ist ja geradezu dafür da, fürs Ausland zu senden, und da ist das Internet möglicherweise eine wichtige, um nicht zu sagen eine unverzichtbare Übermittlungsgröße. Denn es gibt ja Bereiche, in denen die Kurzwelle entweder gar nicht zu empfangen, schlecht zu empfangen ist oder die Leute eben sagen, ich will die Kurzwelle nicht mehr empfangen, ich nutze Internetangebote. Die DW ist in einer völlig anderen Situation als ARD und ZDF. Aber das ist sicherlich eine ganz andere Frage, ob das noch vom Programmauftrag gedeckt ist. Ich habe da nicht nur Zweifel, sondern meine, dass das nicht der Fall wäre.

Antje Karin Pieper, Rechtsanwältin, Bonn
Herr Ricker, ich würde Ihre Ausführungen gern noch mal in dem Lichte, dass die DW Vollmitglied der ARD ist – und das seit Anfang an – kommentiert hören. Dies spricht auch für die sich durchsetzende Meinung, dass Artikel 5 für die DW gilt. Meinen Sie nicht, dass, wenn Vollmitglieder miteinander kooperieren, diese strenge Trennung der beiden Programmaufträge im Lichte künftiger Kooperationen und Vernetzungen beider Aufträge zu einem Mehrwert führen würde?

Meine zweite Frage zu Ihren Ausführungen: Glauben Sie nicht, dass ein Bund-Länder-Staatsvertrag zwischen beiden Kompetenzen eine Lösung wäre, um ARD, ZDF und die DW in eine gemeinsame – für den Auslandsrundfunk sehr viel effizientere – Form hinein ins neue Jahrtausend zu führen? Ist Ihre Bewertung nicht doch sehr rückwärts gerichtet?

Prof. Dr. Hartmut Schiedermair
Ich habe Bedenken, wenn wir uns Gedanken machen über den Rundfunkauftrag der
DW im Verhältnis zu den Landesrundfunkanstalten und uns dabei mit der Formel
„Sendung ins Ausland" begnügen. Ich glaube, man kann diesen Auftrag nicht territorial
abgrenzen. Wenn das ZDF oder eine ARD-Anstalt Sendungen ins Ausland übertragen,
bringen sie nach dort ein Stück Rundfunkprogramm aus Deutschland. Wenn die DW
eine Sendung gemäß ihrem Auftrag im Ausland verbreitet, macht sie etwas ganz anderes. Sie stellt die Bundesrepublik nach außen dar. Dies ist ein anderer Aspekt. Einmal
empfängt man eine Sendung darüber, was in Deutschland los ist. Zum anderen – und
dies ist eben die Eigenart der DW – ist es die Repräsentation des Gesamtverbandes
Bundesrepublik Deutschland nach außen. Deshalb muss man den Programmauftrag
jeweils differenziert betrachten und darf ihn nicht rein territorial sehen. Ich kann mir
ein Nebeneinander von Auslandssendungen der Landesrundfunkanstalten und der DW
in der Erkenntnis, dass beide Verschiedenes tun, durchaus vorstellen.

Otmar Haas, Haas Consulting Services, Ronnenberg
Als Mitglied der KEF wollte ich hier eigentlich nichts sagen, außer dass sie vielleicht
die Bewahrerin des öffentlichen Rundfunks mit ist, was ja auch zum Teil im Hintergrund deutlich geworden ist. Als Mitglied der Enquetekommission Globalisierung
habe ich meine Zweifel, ob das, was hier gesagt ist, die Realität und die Änderungen,
die in der Welt passieren, tatsächlich trifft. Die Enquetekommission ist eingerichtet
worden, damit die Bundesrepublik Deutschland und auch die Regierung die Handlungs-
anweisungen, Regelungen und Empfehlungen für die Wirtschaft und für die Gesellschaft in der Zukunft fasst. Wenn ich heute sehe, dass beispielsweise wir innerhalb
der EU vom Wettbewerb der Regionen – übrigens nicht nur wirtschaftlich, sondern
auf allen Gebieten – sprechen, dann ist das, was ich vorhin gehört habe, tatsächlich
ein Ausdruck einer Kommentierung eines Vergangenen, das aber nicht mehr die
Zukunft trifft. Die ist ziemlich eindeutig. Wenn ich das höre, dann müssen wir uns
alle Gedanken machen, wie wir die Zukunft gewinnen. Das ist doch dann auch die
Aufgabe, die dahinter steht. Die Zukunft gewinnen heißt eigentlich tatsächlich Wettbewerb der Regionen. Es heißt allerdings auch, und das möchte ich damit zum Ausdruck bringen, eine neue Aufgabe für die DW. Denn wenn ich die Globalisierung
und die dort entwickelten Handlungsempfehlungen richtig verstehe, dann muss sie
eigentlich zwangsläufig auch zu einer neuen Existenzgrundlage für die Deutsche Welle
führen. Wir müssen die Rahmenbedingungen so schaffen, damit DW und Landesrundfunkanstalten tatsächlich den Aufgaben der Globalisierung – von der Kultur bis
hin zur Wirtschaft – und allen anderen Aufgaben gerecht werden

Dr. Burkhard Nowotny, Leiter DW-Vertrieb, Köln
Ich habe eine Frage zur Satellitenverbreitung, insbesondere an Prof. Ricker. Wir haben
die Verbreitung von zahlreichen Inlandsprogrammen über ASTRA in Europa und auch
von Dutzenden von Radioprogrammen aus dem Inland, die über ASTRA vor allem

nach Nord-, Süd- und Westeuropa ausgestrahlt werden. Im Gegensatz zu unseren europäischen Nachbarn werden diese Programme unverschlüsselt verbreitet. Die Niederländer haben beispielsweise ihre Inlandsprogramme auch auf Satelliten, müssen sie aber aus urheberrechtlichen Gründen verschlüsseln. Nur in den Niederlanden werden diese Signale freigeschaltet. Ich frage mich, wie das urheberrechtlich geht, wie beim Erwerb von Fußballrechten, Spielfilmrechten Dutzende von Kanälen europaweit ohne Verschlüsselung verbreiten können. Die britischen Kanäle Channel 4, Channel 5 und auch die Pay TV-Kanäle sind alle verschlüsselt, nur BBC World als Auslandsfernsehen ist in Großbritannien freigeschaltet.

Zweite Frage: Das ZDF wird beispielsweise über ASTRA in Europa verbreitet; Hauptbegründung ist die Inlandsversorgung. Wir haben aber jetzt eine neue Qualität der Satellitenversorgung, nämlich dass parallel dazu über den EUTELSAT noch mal eine Versorgung erfolgt, die dann tief nach Russland, Kasachstan bis Pakistan – übrigens in exzellenter Qualität – und auch tief in den arabischen Raum hineinreicht. Also parallel zur ASTRA-Versorgung erfolgt nunmehr zusätzlich die Versorgung über andere Satelliten auf Gebiete, die nicht vom Inlandsauftrag gedeckt sind. Wie ist dies mit den gesetzlichen Bestimmungen vereinbar?

Lutz Tillmanns, Deutscher Presserat, Bonn
Ich habe drei Fragen, zwei zunächst an die Herren Bethge und Dörr. Ich habe mit Genugtuung, auch als ehemaliger DW-Mitarbeiter, zur Kenntnis genommen, dass Sie die Grundrechtsfähigkeit der DW bejahen und dass Sie auch die Grundrechtsträgerschaft und damit auch die volle Wirkung von Art. 5 Abs. 1 Satz 2 bestätigen. Meine erste Frage: Ich habe in Ihren beiden Referaten ein stärkeres Eingehen auf die Rezipientenseite vermisst. Bei Herrn Dörr ist es angeklungen, Herr Bethge hat es vermissen lassen. Das ist aber gerade die Position, die mir noch in Erinnerung ist aus den älteren Stimmen zum Auslandsrundfunk und zur Frage der Grundrechtsfähigkeit der DW. Alle Meinungen stellen da immer darauf ab: Ausländer im Ausland haben keine Grundrechtsfähigkeit. Sie haben also nicht die Möglichkeit, sich auf Informationsansprüche zu berufen. Die Deutschen im Ausland sind das eben nur kurzzeitig. Die Rundfunkfreiheit dient der öffentlichen Meinungsbildung. Wie können sich die Rezipienten der DW substantiell darauf berufen?

Die zweite Frage: Sie haben beide von den verfassungsrechtlich konformen Notwendigkeiten einer Finanzausstattung der DW gesprochen. Ich habe vermisst, was das denn konkret, heruntergebrochen auf die Praxis, wäre. Ist das eine mögliche Auslandsrundfunkgebühr, die der Bund dann einführen müsste? Ist das eine Indexierung an die Landesrundfunkgebühren, oder ist das ein Sondervermögen oder ein Sonderfonds? Da sind verschiedene Möglichkeiten denkbar. Die bislang praktizierte Direktzuweisung aus dem Bundeshaushalt halte ich für besonders gefährlich, weil es immer die Schwierigkeit der Abgrenzung gibt.

Meine Frage an Prof. Ricker: Sie haben klar und deutlich eine Übernahme des Auslandsrundfunks durch ARD und ZDF abgelehnt. Ich rufe in Erinnerung: 1952 hat der NWDR damals noch – hier in Köln übrigens – im Auftrag der ARD Auslands-rundfunk – Kurzwellenrundfunk damals natürlich nur, kein Fernsehen – praktiziert. Das hat er auch bis zum Adenauer-Urteil 1960 – dem 1. Bundesverfassungsgerichtsurteil – gemacht. Warum ist das unmöglich? Das hat er damals ja auch im Auftrag der ARD betrieben. Warum sollte das nicht auch jetzt praktizierbar sein? Gerade im Hinblick darauf, dass sich die Landesrundfunkanstalten und insbesondere das ZDF auch besonders international aktiv gerieren.

Prof. Dr. Dieter Dörr
Ich bitte um Verständnis, dass ich auf diese Fragen noch nicht eingehe. Das werden wir sicherlich in der Schlussrunde tun. Ich wollte nur noch die Frage auswärtige Angelegenheiten und Auftrag der Landesrundfunkanstalten aufgreifen. Sie erscheint mir wichtig. Ich möchte auch an das anknüpfen, was Herr Schiedermair gesagt hat. Ich glaube, da herrscht bei Ihnen, Herr Ricker, doch zu einem Teil ein Missverständnis. Man darf nicht die Versorgung auch des Auslands mit auswärtigen Angelegenheiten verwechseln. Auswärtige Angelegenheit, das ist Sache der DW, das heißt, die Außen-darstellung des Gesamtstaats Bundesrepublik Deutschland. Aber keineswegs ist der Satz richtig: Landesrundfunkanstalten dürfen nicht auch ins Ausland senden. Der Satz hat noch nie gestimmt. Der stimmt auch für andere Angelegenheiten nicht. Ich weise darauf hin, dass das Bundesverfassungsgericht von Anfang an gesagt hat, natürlich dürfen beispielsweise Kommunen auch über die Grenzen hinweg mit auswärtigen Kommunen tätig werden. Das steht schon im Kehler Hafenurteil, eines der ersten Urteile des Bundesverfassungsgerichts überhaupt zu diesen Fragen. Das steht auch im ersten Fernsehurteil: Rundfunkwellen kennen keine Grenzen. Es ist für mich gar keine Frage, dass natürlich die Landesrundfunkanstalten nicht nur ihre Programme über Satellit verbreiten dürfen, sondern dass das wegen der Grundversorgung geboten ist. Satellitenversorgung ist heute Grundversorgung. Schauen Sie sich die neuen Zahlen an. Über 30 Prozent der Haushalte haben in Deutschland nur noch Satelliten-empfang. Terrestrik haben noch 13 Prozent. Wenn Sie nur noch terrestrisch verbreiten, erreichen Sie noch 13 Prozent der Bevölkerung. Der Rest: Kabel-Versorgung. Die Fragen darf man nicht miteinander vermischen. Da knüpfe ich an das an, was Frau Pieper und Herr Haas gesagt haben: Vergangenheit oder Zukunft. Deshalb gibt es durchaus Möglichkeiten, dass Landesrundfunkanstalten und das ZDF und die DW zusammenarbeiten und dass dafür im begrenzten Rahmen auch Gebühren eingesetzt werden können. Ich sage sehr wohl: im begrenzten Rahmen. Ich kann das hier nicht im Einzelnen ausführen, weil es ein kompliziertes Thema ist, mit dem sich andere auch schon beschäftigt haben, auch eine Dissertation, die Herr Hartstein erstellt hat. Man muss sehr differenziert an die Sachen herangehen. Aber es stimmt nicht, Herr Ricker, da will ich entschieden widersprechen, dass das Sendegebiet etwas damit zu tun hat, wo man Fernsehsendungen verbreiten darf. Natürlich darf das ZDF, auch 3sat und die Landesrundfunkanstalten dürfen bei ARTE mitmachen. Das wäre ein Missverständnis, und so ist auch die Rechtsprechung.

Dieter Weirich
Ich will keine juristischen Fragen aufwerfen. Davon verstehen Sie mehr. Ich will nur eine Grundsatzbemerkung machen, was die Diskussion über gesplittete Kompetenzen angeht. Man sagt: Deutschsprachige Sendungen sollen ARD und ZDF im Zeitalter der Digitalisierung weltweit veranstalten und die Deutsche Welle nur für Ausländer. Da sind wir einer anderen Auffassung, wie Sie wissen. Es gibt auch Gutachten aus der Bundesregierung, die zu anderen Auffassungen kommen. Im Übrigen ist klar, dass wir mit ARD und ZDF zusammenarbeiten wollen. Es steht praktisch als Verpflichtung in unserem Gesetz, während es in den Staatsverträgen und Landesrundfunkgesetzen nicht drin steht. Natürlich muss das stärkste öffentlich-rechtliche Inlandsystem der Welt dem Land bei seiner Außendarstellung helfen.

Und jetzt komme ich auf den zentralen Punkt. Ich fand das interessant, was Herr Haas gesagt hat. Damit bin ich weit weg von Kompetenzenreiterei. Mir stellt sich die Frage, ob das deutsche Mediensystem und ob die mentale Einstellung der Bürokraten aus Landesmedienanstalten, aus Staatskanzleien – von mir aus auch aus Verfassungsgerichten – der Globalisierung in der Denke letztlich gerecht wird. Ich nenne Ihnen ein konkretes Beispiel. Es gibt Leute, die sagen, Deutschland ist in Übersee so gut wie nicht vertreten, und Europa ist nur ein Zehntel der Welt. Also, euer Auftrag in Asien und Afrika, das ist unbestreitbar. Aber in Europa sind zwei Dutzend deutscher Programme auf den Satelliten. Was tut ihr eigentlich noch in Europa?

Jetzt komme ich auf die KEF, das deutsche Medienrecht und auf Europa. Es stimmt, dass in Europa fast zwei Dutzend deutscher Programme, vor allem die Dritten Programme, auf Satelliten europaweit empfangbar sind. Auf der anderen Seite darf kein einziger öffentlich-rechtlicher Sender Deutschlands, wenn er nicht ein Problem mit der KEF bekommen will, konkrete Vermarktungsbemühungen, die kostenintensiv sind, starten, um etwa in Russland in Kabelanlagen eingespeist zu werden, weil es nicht sein Sendegebiet ist. Dann stellt sich die Frage: Wie wirtschaftlich ist es, wenn zwölf Veranstalter nebeneinander auftreten? Denn auf den Satelliten zu sein, ist die eine Seite der Medaille, und Juristen neigen dazu zu sagen, die sind auf den Satelliten und theoretisch empfangbar. Nur das Entscheidende ist: Man muss vom Satelliten-Himmel auf die Erde kommen. Dazu muss man Vertriebsbemühungen starten. Das kostet Geld.

Wie ist die Situation in Europa? Außer uns gibt es, trotz unseres geringen Engagements in Europa – wir konzentrieren uns vorwiegend auf Übersee – keinen einzigen deutschen Sender, auch nicht ARD und ZDF, obwohl sie auf den Satelliten sind, der im European Marketing Service mit Zuschauern überhaupt notiert ist. Deswegen stellt sich die Grundfrage: Wie erreiche ich meine Kunden? Und nicht der sattsam bekannte Streit über Kompetenzen. Was ich für absolut bedauerlich halte – der Vertreter des Wirtschaftsministeriums hat es vorhin angesprochen – ist das nur schwache Interesse am Auslandsrundfunk im Parlament und in der Regierung. Deutschland tut nicht genügend für seine Außendarstellung. Wir klopfen uns hier dauernd vergnügt auf die Schenkel, wo wir überall Weltmeister werden. Nur niemand weiß es. Ich bin mir der bescheidenen Rolle der DW in der Auseinandersetzung mit dem angloamerikanischen Einfluss in der Medienwelt sehr wohl bewusst. Wir belegen eine sehr bescheidene Marktnische, und ich habe es auch nie anders dargestellt.

Anton-Josef Cremer
Herr Intendant, Sie hatten das Bundeswirtschaftsministerium ganz ausdrücklich angesprochen. Sie wissen, dass die Bundesregierung ein Aktionsprogramm aufgelegt hat, auch gerade in Fragen des Medienordnungsrahmens. Da ist angekündigt worden, dass die Bundesregierung in absehbarer Zeit Gespräche mit den für Rundfunk zuständigen Ländern aufnehmen wird. Wir haben einen pragmatischen Ordnungsrahmen geschaffen, aber die Globalisierung bringt neue Herausforderungen. Ich denke, wir haben in einem Aktionsprogramm angekündigt, dass wir Gespräche mit den zuständigen Ländern führen, die sehr schwierig sein werden. Aber wir haben Signale aus den Staatskanzleien erhalten, dass auch die Länder grundsätzlich bereit sind, in Gespräche einzutreten. Wie die ausgehen, ist eine andere Frage. Dass man miteinander redet und nicht jeder sein Kästlein alleine macht, das finde ich bei den Herausforderungen, die Sie zutreffend geschildert haben, schon einen großen Schritt.

Prof. Dr. Herbert Bethge
Ich bin auf einen Aspekt angesprochen worden, der die Frage der Grundrechtsfähigkeit mit Blick auf die Rezipientenseite betrachtet. Art. 19 Abs. 3 Grundgesetz anerkennt, dass auch inländische juristische Personen Grundrechtsträger sein können. Die Hamburger GmbH, die in Hamburg sitzt, aber ausschließlich mit Balinesen oder mit Südafrikanern verhandelt, hat sicherlich nur ausländische Partner. Trotzdem ist sie nach deutschem Verfassungsrecht Grundrechtsträger. Somit würde ich auch sagen, dass bei öffentlich-rechtlichen Anstalten, die sich auf die deutsche Rechtsordnung stützen, es nicht darauf ankommt, wer Destinatär im Ausland ist. Das wäre ein sehr vages Abgrenzungskriterium.

Der zweite Punkt betrifft die Kompetenzfrage, bei der ich wahrscheinlich gar nicht gegen den Mainstream argumentiere. Nur, wenn immer nur von Globalisierung gesprochen wird, da möchte ich mit aller juristischen Akribie darauf hinweisen, auch die Europa-Euphorie hat uns nicht davon abhalten dürfen, uns daran zu erinnern, dass wir ein Bundesstaat sind, in dem es in der Tat zwei Badewannen gibt, nämlich die des Bundes und die der Länder. Bei aller Globalisierung und bei aller Dienstnahme für Deutschland dürfen wir nicht vergessen, dass die deutschen Befindlichkeiten durch zwei Kompetenzträger realisiert werden. Ich habe zum Beispiel – entgegen Herrn Ricker – keine Zweifel daran, dass Landesrundfunkanstalten auch mit Auslandsbezug senden dürfen. Sie dürfen nur nicht praktisch das Gegenprogramm der DW machen. Da gibt es die Bundestreue, die den Landesrundfunkanstalten verbietet, hier Kompetenzträgern des Bundes ins Handwerk zu pfuschen. Kooperationsmöglichkeiten sind vorhanden, vor allen Dingen dann, wenn nach außen hin, Patronatsmodell hieß es, glaube ich, die DW die Verantwortung für ein ihr von innen zugängliches Programm übernimmt. Da sehe ich keinerlei Schwierigkeiten. Dass man diese diffizilen Fragen, Frau Pieper, in einen Bund-Länder-Staatsvertrag aufnimmt, bei dem man sich über Kompetenzen arrangiert, ist nicht ausgeschlossen. Nur muss man wissen, dass eigentlich Kompetenzen nicht disponibel sind, auch nicht zwischen den beiden Konkurrenten. Wenn man das beachtet, habe ich keine Schwierigkeiten zu akzeptieren, dass man zu einem erträglichen Ergebnis kommen kann.

Prof. Dr. Dieter Dörr
Ich hatte schon gesagt, dass ich bei der Kompetenzfrage die Probleme als durchaus lösbar ansehe. Aber ich möchte mit dem Kollegen Bethge nachdrücklich unterstreichen: Ich halte den Bundesstaat nicht für hinderlich. Ich halte ihn für ein richtiges Modell, gerade im Zeitalter der Globalisierung und der Europäisierung. Also, die Begeisterung, man müsse alle Kompetenzen nur auf die Zentrale übertragen und dann laufe die Sache, ist gewaltig zurückgegangen. Ich denke an bestimmte Entwicklungen in Europa, und da kann ich nur sagen: Der Bundesstaat ist die richtige Lösung. Der ist sehr viel problemlösungsfähiger, als man ihm gemeinhin unterstellt, gerade in Deutschland. Die USA sind auch ein Bundesstaat, darauf möchte ich doch hinweisen.

Der zweite Punkt: Grundrechtsträgerschaft. Ich verstehe schon den damaligen Ansatz, dass man sagt, wegen der Rundfunkfreiheit als dienende Freiheit kommt es auf die Rezipienten an. Ich halte den Ansatz aber nicht für überzeugend. Ich meine, dass die Rundfunkfreiheit auf jeden Fall für die DW gilt. Ich hab das an anderer Stelle eingehend dargelegt. Ich kann das nicht alles wiederholen. Auch wenn Sie auf die Rezipienten schauen, hat die DW Auswirkungen auf die Willensbildung im Hinblick auf unser demokratisches Prinzip. Denn ihr Auftrag richtet sich – und da bin ich Herrn Ricker dankbar, dass er das klargestellt hat, denn ich hatte ihn vorher dann zu Unrecht anders verstanden – auch an die Deutschen, die im Ausland wohnen – ich betone „auch". Vorrangig ist das die Außendarstellung der Bundesrepublik Deutschland. Aber der Auftrag richtet sich auch an die dortigen Deutschen und hat insoweit Auswirkungen. Deshalb ist Grundrechtsträgerschaft gegeben. Zur Finanzierung wollte ich nichts sagen, weil das später Hauptgegenstand sein wird.

Prof. Dr. Reinhart Ricker
Ich möchte auf das verweisen, was Herr Weirich gesagt hat. Bei der unglaublichen Opulenz, die der öffentlich-rechtliche Rundfunk in Deutschland in Form von ARD und ZDF besitzt, muss es zu einer engen Kooperation zwischen der DW und diesen Anstalten, zu einem regen Programmaustausch, insbesondere zu einer Programmzulieferung von ARD und ZDF an die DW, kommen. Das wäre noch schöner, wenn diese Ressourcen hier verkommen würden. Insofern ist der Mehrwert schon gegeben, Frau Pieper. Es ist immer die Frage, ob der Mehrwert dadurch erzielt wird, dass der opulent ausgerüstete öffentlich-rechtliche Rundfunk sich nun noch ein zusätzliches Betätigungsfeld sucht, in dem es nicht darum geht, Sendungen zuzuliefern, die man ohnehin in seinem Programmstock hat, sondern dass man sich jetzt noch als Auslands-

rundfunkanstalt betätigt. Da kann ich auch mit diesem Patronanzmodell nicht so schrecklich viel anfangen. Auf der einen Seite steht da drin, die Programmhoheit liegt bei der DW, nach innen hin liegt sie aber bei den Landesrundfunkanstalten. Das verstehe, wer kann. Ich persönlich halte davon nichts.

Ich halte auch nicht viel von solchen zweifellos sehr kunstvollen Ziselierungen, es ginge bei der DW um die Repräsentation Deutschlands im Ausland, und ARD und ZDF dürften Sendungen für Deutsche im Ausland machen. Da möge man – ich habe bewusst getan – noch einmal in die entsprechenden Rechtsgrundlagen hineinschauen. Zum Teil ist die Antinomie sogar in der Darstellung gegeben. Der Programmauftrag der DW lautet in § 4, die Sendungen der Deutschen Welle sollen den Rundfunkteilnehmern im Ausland ein umfassendes Bild Deutschlands vermitteln. Beim ZDF heißt es, dass in den Sendungen des ZDF den Fernsehteilnehmern in Deutschland ein objektiver Überblick über das Weltgeschehen gegeben wird. Also den Rundfunkteilnehmern im Ausland, hier den Teilnehmern im Inland.

Dies hat schon seinen guten Grund. Das hängt auch mit dem Förderalismus zusammen. Das ist nicht eine Frage der Zwanghaftigkeit. Diese ganze Diskussion haben wir an anderer Stelle auch, nämlich inwieweit die Länder sich in Brüssel vertreten oder ob das nicht eine Angelegenheit der auswärtigen Politik ist. Wir wissen gerade im Rundfunkbereich, wie ungeheuer schwierig das ist, weil da die Länder dann dürfen. Immer sind die Länder sehr pingelig darauf bedacht, dass der Föderalismus eingehalten wird. Dann muss er aber auch an anderer Stelle eingehalten werden. Dann kann es nicht so sein, dass man sich einfach noch ein paar Claims eröffnet. Es ist ganz nahe liegend, warum das passiert. Es ist ja nicht die Philanthropie, es geht auch nicht um diejenigen, die sich in Mallorca bräunen lassen, mit heimatlichen Sendungen zu versorgen. Es geht darum, was der öffentlich-rechtliche Rundfunk – Herr Nowotny hat auf besonders skurrile Dinge hingewiesen – immer wieder tut, neue Betätigungsfelder sucht und damit zum teuersten öffentlich-rechtlichen Rundfunksystem der Welt geworden ist. Ohne Verschlüsselung werden Programme des ZDF über EUTELSAT geschickt, selbst die Engländer oder die Holländer machen das nicht. Ich persönlich kann den Sachverhalt aus rechtlicher Sicht nicht vor dem Hintergrund von Detailkenntnissen beurteilen. Aber wahrscheinlich wird es so sein, dass der öffentlich-rechtliche Rundfunk in Deutschland die finanziellen Möglichkeiten hat, insofern sich von urheberrechtlichen Ansprüchen frei zu halten. Das machen die anderen eben nicht.

Ein kleines Aperçu will ich noch geben: RTL und SAT.1, ProSieben oder auch tm3 sind selbstverständlich berechtigt, ins Ausland zu senden. Die sind ja nicht an einen Programmauftrag wie der öffentlich-rechtliche Rundfunk gebunden. Wenn die das wollen, dann ist das ihr selbstverständlichstes Recht. Aber das ist ein anderes Thema. Es geht um die Fragen: Was darf der private Rundfunk tun, und was darf er nicht?

Finanzierungsalternativen
für den Auslandsrundfunk

Podiumsdiskussion

Moderation: *Prof. Dr. Dieter Dörr*

Prof. Dr. Dieter Dörr

Nachdem wir uns heute Morgen in den Vorträgen und auch in der Diskussion um die grundsätzlichen Fragen gekümmert haben – Gilt die Rundfunkfreiheit für die Deutsche Welle? Was ist mit dem Auslandsrundfunk? Darf nur der Bund auf das Ausland ausgerichtete Sendungen veranstalten? Wie ist die Stellung der Länder? – wollen wir uns jetzt der konkreten Finanzierung der DW in zwei Diskussionsrunden zuwenden. In der ersten geht es um mögliche alternative Finanzierungsmodelle, in der zweiten dann um die Frage, wie eigentlich der Bedarf der DW ermittelt wird, ob ein ähnliches Verfahren gebraucht wird, wie wir es bei den Landesrundfunkanstalten unter Einschaltung einer Sachverständigen-Kommission – der KEF – kennen. Bevor wir dazu kommen, wollen wir uns zunächst mit den Finanzierungsalternativen befassen.

Prof. Dr. Bernd Holznagel

Bevor wir uns in die Feinheiten der Finanzfestsetzung begeben: Es ist natürlich so, dass die Finanzierung den Aufgaben folgt. Das ist ein Grundsatz. Deshalb möchte ich einen Schritt zurückgehen und stärker umreißen, was ist die Aufgabe, die jetzt eigentlich finanziert werden soll. Ich möchte anknüpfen an das Statement von Herrn Intendant Weirich, dass ich den Auslandsrundfunk auch in einer Phalanx offener Fragestellungen im Bereich der Medienpolitik sehe, die in Deutschland noch nicht gelöst sind. Deutschlands Medienordnung ist – so meine These – noch nicht eingestellt auf die Herausforderungen der Konvergenz und Globalisierung. Das muss vorweggeschickt werden. Die Differenzierung zwischen Telediensten und Mediendienste-Staatsvertrag ist rechtssystematisch nicht genau abzufassen. Wir haben Probleme mit der Medienaufsicht. In diesem Kontext bewegt sich auch der Auslandsrundfunk.

Im Kern gefragt: Wie lautet die Vision für den Auslandsrundfunk? Ich möchte zwei zentrale Aufgabenstränge identifizieren und anhand dieser Aufgabenstränge fragen: Wie kann die Finanzierung aussehen? Ich habe aus der Diskussion entnommen, dass es im Kern um letztlich zwei Programme oder zwei Programmaufträge geht. Vielleicht spreche ich eher von Aufträgen. Zum einen ist es das Programm, was sich an die Weltbürger richtet. Das ist die Art von Programm, die gemeint ist, wenn Herr Haas von Globalisierung und Standortsicherung Deutschland spricht. Das ist ein Programm, das vermutlich die Aufgabe hat, die deutsche Wirtschaft – vielleicht im engeren Sinne –

zu vermarkten, Informationen über Business-Entwicklung zu geben – im Kern auch die Aufgabe hat, Industrie nach Deutschland zu holen.

Das zweite Aufgabenfeld ist – wie ich es nennen möchte – das Auslandsdeutschen-Programm. Also: das Weltbürgerprogramm und das Auslandsdeutschen-Programm. Das Auslandsdeutschen-Programm hat für mich die Aufgabe, dass es Bundesbürger, die zunehmend im Ausland arbeiten, versorgt. Ich selbst habe auch fast zwei Jahre in USA studiert. Da ist man dann froh, dass man die DW empfangen kann. Es ist betont worden, dass diese Auslandsdeutschen auch ein Wahlrecht haben. Es ist natürlich auch so, dass ganz stark die kulturelle Komponente vorhanden ist. Man möchte gern weiterhin Kontakt haben zum eigenen Land. Je länger man im Ausland lebt, desto mehr verklärt sich das Bild von Deutschland.

Wenn ich jetzt diese beiden Programme sehe, dann habe ich bei dem Weltbürger-programm eigentlich keine Probleme. Das ist im Bereich der auswärtigen Angelegen-heiten klar zu subsumieren. Ich sehe das als den Kern einer Bundeskompetenz nach Art. 73 Abs. 1. Wenn das die Bundeskompetenz ist, habe ich im Kern als Finanzierungs-mittel zunächst den Haushalt.

Dann sind folgende Fragen zu beantworten: Wie erreiche ich, dass ich nicht jährlich völlig neue Finanzstrukturen habe, sondern dass ich auch eine mittlere Finanzplanung machen kann? Wie erreiche ich, was verfassungsrechtlich dann zentral ist, dass die Finanzvergabe nicht an politische Gegenleistungen gekoppelt ist? Diese Fragen können nur beantwortet werden mit einem Modell, das in Richtung KEF geht. Ob das jetzt Finanzrat heißt, ob die KEF das macht: Es muss auf jeden Fall aus meiner Sicht eine Institution geben, die diese Sache puffert. Hiermit gebe ich Ihnen meine Positionierung zum Gebührenfestsetzungsverfahren.

Die zweite Schiene: das Auslandsdeutschen-Programm. Für dieses Auslandsdeut-schen-Programm – ich rekurriere da auf die Vormittags-Diskussion – können die Län-der auch Kompetenzen beanspruchen. Sie versorgen ihre Landesbürger, die sich im Ausland befinden. Sie stellen auch die ausländische Kultur im Ausland dar. Da müssen wir vielleicht in der Diskussion darauf eingehen, ob Art. 5 nur sozusagen die demo-kratie-theoretische Kompenente im Sinne innerdeutscher Willensbildung hat. Ich glaube, das geht weiter. Da geht es auch um Kultur und Kulturvermittlung, so dass ich keine Schwierigkeiten habe, den Ländern auch eine Kompetenz einzuräumen.

Dann habe ich die Situation, dass Träger Kompetenzen haben. Dann müssen diese beiderseitigen Kompetenzen ausbalanciert werden. Nach den Grundsätzen der Bundestreue müssen sie sich an einen Tisch setzen und im Kern aushandeln, wie diese Sache zu machen ist. Da kann ich verfassungsrechtlich sehr wenig zu sagen.

Wenn ich mir jetzt dieses Auslandsdeutschen Programm ansehe, würde ich als Ideal formulieren, dass wir eine Situation wie in den USA haben sollten, wo wir im politischen Raum darüber diskutieren müssen, ob wir jetzt 400 Milliarden US-Dollar zurückzahlen aus dem Staatshaushalt, so die Vorstellung der Republikaner oder doch nur 230 Milliarden, so die Demokraten, weil wir so viel Geld erwirtschaftet haben mit unserer New Economy, so dass wir uns das leisten können. Das ist aber leider nicht die Situation. Deshalb diskutieren wir ja hier. Am liebsten wäre uns eine reine Lösung, so dass wir beliebig viele Mittel haben, dass es im Kern bei dieser sauberen Lösung bleiben kann, dass die DW weiter aus dem Staatshaushalt finanziert wird.

Jetzt haben wir aber die Situation dieser Kürzung. Ich nehme das jetzt erst mal als Fakt und schaue an, wie ich dann Modelle stricken kann. Heute Vormittag wurden zwei Modelle intensiv diskutiert. Zum einen handelt es sich um das Programm-Zuliefermodell. Herr Ricker hatte darauf schon hingewiesen. Die Idee ist, dass die anderen Rundfunkanstalten der DW Programme zur Verfügung stellen, eine Art Zweitverwertung. In dem Zukunftspapier der DW aus der vergangenen Woche wird auch vorgeschlagen, dass man hier Pay-TV einsetzen kann. Damit kann man das Gesamtprogramm über den Markt refinanzieren. Die Zusatzleistungen werden aus den Gewinnen bezahlt. Ob das eine realistische Konzeption ist, kann ich nicht beurteilen. Das müsste Gegenstand einer Diskussion der Unternehmensplanung sein. Aus verfassungsrechtlicher Sicht sehe ich in diesem Modell keine Hindernisse. Ich habe schon jetzt de lege lata – ich glaube in § 8 DW-Gesetz, und auch darauf haben wir genügend hingewiesen – die Möglichkeit, Programme zuzuliefern. Das ist jetzt schon möglich. Die einzige Problematik, die sich stellt: In welchem Rahmen kann der öffentlich-rechtliche Rundfunk überhaupt Pay-TV veranstalten? Das ist eine verfassungsrechtlich noch unbeantwortete Frage. Ich möchte sie nur mal als Problem in den Raum stellen. Betrachte ich das zweite Modell – ich nenne es das Körperschaftsmodell – das ist nach diesen zehn Modellen, die in dieser gemeinsamen Kommission ausgearbeitet worden sind, Modell sechs, würde das heißen, dass man zur Veranstaltung dieses Programms eine eigene Körperschaft gründet. Wie immer diese Körperschaft aussehen mag (Wer hat welche Anteile in der Körperschaft? Heißt die Körperschaft sogar Deutsche Welle? Wie ist das im Einzelnen ausgestrickt?) – ich möchte nur so viel sagen: Wenn ich meine, dass die Länder verfassungsrechtlich in der Lage wären, auch ins Ausland zu senden, ich formuliere das ganz vorsichtig, allerdings nur im Bereich meines Modells Auslandsdeutschen-Programm, also zur Versorgung der Auslandsdeutschen und zum Transport deutscher Kultur, dann müsste diese verfassungsrechtliche Ausgangslage in ein einfaches Gesetz transformiert werden. Die Rundfunkgesetze müssten in der Tat geändert werden, und Herr Ricker hat auch zurecht an vielen Stellen auf den klaren Wortlaut hingewiesen, den diese Funktionszuweisungen haben; man müsste als erstes die Funktionszuweisungen für diese öffentlich-rechtlichen Anstalten, die in so einem Körperschaftsmodell beteiligt wären, erweitern.

Im zweiten Schritt muss ich mir überlegen, wie sieht es überhaupt aus mit einer Verwaltungskompetenz. Kann das überhaupt sein, dass die verschiedenen Anstalten eine neue Anstalt gründen, um ein Auslandsdeutschen-Programm zu senden. Auch da sehe ich aus verfassungsrechtlicher Sicht im Kern nur das Problem der Mischverwaltung. Man müsste verfassungsrechtlich überprüfen, ob mit ARD, ZDF und Deutsche Welle eine neue Körperschaft gegründet werden könnte. Hat man aber die Aufgaben der Länder erweitert, und hat man eine Rechtsstruktur geschaffen für dieses Programm, dann sehe ich kein Problem, über eine Änderung des einfachen Gesetzes auch die Finanzierungsmöglichkeit zu schaffen. Das könnte dann so sein, dass man das Auslandsfernsehen auch über eine Rundfunkgebühr bezahlt. Das kann man rechtstechnisch so machen, dass man das, ähnlich wie beim Kabelgroschen, ausweist. Da waren mal zehn Pfennig in der öffentlichen Diskussion. Der Rundfunkgesetzgeber hat hier entsprechende Gestaltungsspielräume.

Ich fasse kurz in zwei Sätzen zusammen: Mein Weltbürgerprogramm ist im Kern Auslandsrundfunk und wird aus dem Staatshaushalt finanziert. Da besteht auch rechtspolitisch kein Handlungsbedarf. Betrachte ich das Auslandsdeutschen-Programm, so ergeben sich verschiedene Finanzierungsmodelle, die verfassungsrechtlich aus meiner Sicht alle möglich sind. Es ist Aufgabe des einfachen Gesetzgebers, die Aufgaben klar zu definieren. In der Folge müssen die Möglichkeiten für die Finanzierung geschaffen werden. Das gilt auch, wenn rechtspolitisch dem Weg gefolgt wird, die Länder einzubeziehen.

Prof. Dr. Dieter Dörr:
Herr Holznagel, Sie plädieren für eine begrenzte Einbeziehung der Rundfunkgebühren, soweit sich das Programm an Auslandsdeutsche richtet.

Prof. Dr. Bernd Holznagel:
Nein, da bin ich vorsichtig. Ich plädiere nicht dafür. Was ich versucht habe, ist jetzt nur das darzustellen, was Verfassungsrechtler vielleicht leisten könnten. Sie bauen Modelle und umschreiben Handlungsoptionen und bewerten, ob das verfassungsrechtlich gangbar ist. Die Entscheidung nämlich, da stimme ich Herrn Weirich voll zu, ist ein Teil des derzeitigen Problems, dass eben auch konzeptionell gearbeitet und auch entschieden werden muss. Wenn ich ein Modell habe, sind wir Verfassungsrechtler dran und tun unser Bestes, um das umzusetzen.

Prof. Dr. Dieter Dörr
Sie haben die möglichen Modelle angesprochen und gesagt, es ist denkbar, die Länder in gewisser Weise zu beteiligen. Damit ist es auch möglich, die Gebühr für solche Zwecke in einem begrenzten Rahmen, nämlich für den Teil des Programms, der sich an die Deutschen im Ausland richtet, einzusetzen. Aber es ist eine politische Entscheidung, ob man so vorgeht oder nicht. Vielen Dank für diese Klarstellung.

Prof. Dr. Reinhart Ricker
Ich habe festgestellt, dass die Länder grundsätzlich keinerlei Kompetenz für das Auslandsfernsehen haben. Dass dies aber überhaupt nicht ausschließt, dass die Länder selbstverständlich, wie ich meine, gerade verpflichtet sind, mit den opulenten Ressourcen, die ihnen im öffentlich-rechtlichen Rundfunk zur Verfügung stehen, auch die DW zu unterstützen. Das ist auch ein Gebot der Wirtschaftlichkeit und Sparsamkeit. Es kann nicht angehen, dass die Gebührenteilnehmer Produktionen unterstützen, die anschließend, obwohl es einfach und sachgerecht wäre, nicht der Deutschen Welle zur

Verfügung gestellt werden. Aus dieser These heraus ist es meiner Ansicht nach nicht möglich, die Rundfunkgebühr, die für das Inland bestimmt ist, für Auslandsproduktionen heranzuziehen. Das habe ich aber heute Morgen auch schon dargestellt.

Die Frage ist, ob das, was momentan die Grundlage für die Finanzierung der DW darstellt, mit der Verfassung und anderen Rechtsgrundsätzen in Übereinstimmung steht. Da ist tatsächlich die Gretchenfrage: Gilt für die DW Art. 5? Das wurde heute von uns eigentlich bejaht. Ich hatte vorhin das Vergnügen, in der Pause die Auffassung von Herrn Di Fabio zu hören. Ich hatte den Eindruck, als ob Sie hier ein paar Fragezeichen setzen würden. Ich möchte nur sagen: Eine Überlegung ist das alle Mal wert, ob der Art. 5 gilt oder ob die ganze Angelegenheit nicht doch mehr eine Staatsveranstaltung ist. Ich will Ihnen aber sagen, dass ich zu dieser Meinung nicht tendiere. Die Rundfunkfreiheit ist ein Menschenrecht, und der Rundfunk hat in Deutschland einen spezifischen Auftrag. Er soll die individuelle und kollektive Meinungsbildung verstärken. Das schließt aber nicht aus, dass ein Dienst, den der Rundfunk leistet, auch ein anderer sein kann. Der Dienst der DW ist ein ganz spezifischer. Er soll die Rundfunkteilnehmer im Ausland mit dem Bild Deutschlands vertraut machen. Das ist auch ein Dienst, der durchaus mit Art. 5 in Einklang steht. Dementsprechend komme ich zu dem Ergebnis, dass die Rundfunkfreiheit auch für die Deutsche Welle gilt.

Wenn das aber so ist, dann muss man mit dem 8. Rundfunkurteil Ernst machen. Das 8. Rundfunkurteil hebt nicht ausschließlich darauf ab, dass es hier Landesrundfunkanstalten seien, die eine besondere Freiheit bei ihrer Finanzierung haben müssen. Das Thema stellt sich dort überhaupt nicht. Vielmehr geht es um die Freiheit des Rundfunks. Wenn ich die Freiheit der DW bejahe, dann muss ich auch die Freiheit in der Finanzierung bejahen. Da hat das Bundesverfassungsgericht gesagt, dass erstens eine Rundfunkanstalt – das ist auch die DW – ihre Gebühr nicht selbst festlegen kann. Es wäre auch weltfremd, überhaupt hierüber noch ein paar Gedanken zu verlieren, denn die Verhältnisse sind ja gerade umgekehrt. Das wäre das Paradiesgärtlein der DW, wenn sie die Höhe ihrer Gebühr oder die Höhe ihres Etats selbst festlegen könnte.

Das Zweite, und das ist wieder sehr interessant für den hiesigen Fall: Das Parlament kann es aber auch nicht, sagt das Bundesverfassungsgericht im 8. Urteil, weil das Parlament eben auch Staat ist. Daran sieht man, dass Jura keine Naturwissenschaft ist, denn auf der anderen Seite soll der Staat wieder das Wesentliche regeln. Das macht auch das Parlament. Aber das begreife, wer kann. Ich dekliniere schlicht und schulmäßig herunter und komme zu dem Ergebnis: Das Parlament darf über die Höhe der Gebühr nicht bestimmen, entsprechend auch nicht über die Höhe dessen, was der Deutschen Welle zusteht.

Dann ist das Bundesverfassungsgericht etwas verhalten und sagt, staatsfrei muss es in jedem Fall sein. Dann herrschten kreative Verhältnisse in Karlsruhe und man kam auf eine Kommission. Das hat das Bundesverfassungsgericht nicht als zwingend festgelegt, aber als nahe liegend und – wenn die sich schon den Kopf zerbrochen haben – dann ist es eine Frage der Nützlichkeit, dass man sich dem anschließt, wenn nicht viel dagegenspricht. Es spricht eigentlich nicht viel dagegen. Es ist nur die Frage, nach welchen Maßstäben die Kommission agiert. Das ist ein wichtiger Punkt. Da wird zunächst einmal auf Sparsamkeit und Wirtschaftlichkeit im 8. Rundfunkurteil abgestellt. Das gilt für jede Instanz, die dem staatlichen Bereich zugeordnet ist. Vom organisatorischen her ist das der Fall. Selbst die Landesrundfunkanstalten erfüllen, wenn es um die organisationsrechtlichen Angelegenheiten geht, eine staatliche Aufgabe – so das oft in Vergessenheit geratene 2. Rundfunkurteil, das von der staatlichen Aufgabe spricht. Sparsamkeit und Wirtschaftlichkeit sind etwas, was auch der DW gut ansteht.

Dann sagt das Bundesverfassungsgericht, das Ganze müsse erforderlich für den Funktionsauftrag sein. Eine Angelegenheit, die von der KEF, wenn ich dies richtig sehe und diese Berichte lese, eigentlich eher am Rande liegen gelassen wird. Da könnte man einiges mit Leben erfüllen und fragen, ist das eigentlich noch vom Funktionsauftrag des öffentlich-rechtlichen Rundfunks gedeckt oder nicht.

Nun ist der Auftrag der Landesrundfunkanstalten bekanntlich ein anderer wie der der DW. Aber einen Funktionsauftrag hat die Deutsche Welle auch, das steht im § 4 DW-Gesetz, den wir heute mehrfach durchdekliniert haben, ausdrücklich drin: für die Rundfunkteilnehmer im Ausland ein Bild Deutschlands mit allen Facetten zu vermitteln. Daran müsste das gemessen werden. Das ist ein wenig inhaltliche Überprüfung. Aber das ist keineswegs in irgendeiner Form als Verstoß gegenüber Art. 5 der Freiheit zu messen, denn eine Freiheit ohne irgendeine Kontrolle kann bei der Ausgabe staatlicher Gelder eigentlich nicht vorkommen. Es muss eben nur eine staatsferne Kontrolle sein. Ob etwa die Sendungen ausgewogen sind und ob ein Mindestmaß an Sachlichkeit und gegenseitiger Achtung stattfindet – Forderungen aus dem 1. Rundfunkurteil – wird vom Rundfunkrat, einem staatsfernen Gremium, kontrolliert. Also halte ich es für selbstverständlich, dass der Funktionsauftrag von einem solchen Gremium, das über unser Geld mit zu befinden hat, auch entschieden wird.

Dann gibt es eine weitere Variante im 8. Rundfunkurteil, die stiefmütterlich von der KEF behandelt wird. Das ist diese zugegebenermaßen rätselhafte Wendung vom bereits vorhandenen Informationszugang, der zu berücksichtigen ist. Da sind den Rechtswissenschaftlern Tür und Tor für langwierige Untersuchungen geöffnet. Ich habe mir immer gedacht, vielleicht haben die Richter in Karlsruhe lebensnah „more of the same" verhindern wollen. Die Duplizierung von allem Möglichen muss nicht bedingt stattfinden. Das als Kriterium unter dem Rubrum von Wirtschaftlichkeit und Sparsamkeit noch einmal zu betonen, halte ich nicht für schlecht.

Jetzt kommt die Zumutbarkeit für den Teilnehmer. Nach dem, was ich heute Morgen gesagt habe, hat der Rundfunkteilnehmer hier nichts zu entrichten. Ich meine zunächst einmal den inländischen Rundfunkteilnehmer. Nun könnte man in abstracto und reichlich weltfremd noch an den ausländischen Teilnehmer denken. Er wird sich bedanken. Wir bedanken uns ja schon. Nur der hat die Möglichkeit, sich nicht nur zu bedanken, sondern auch der Gebühr zu entgehen. An diesen Teilnehmer dürfen wir nicht denken. Aber man könnte in dem Zusammenhang vielleicht etwas anderes machen. Es kann nicht so sein, dass das Parlament der „Nickmohr" für den Haushalt ist. Dass die Abgeordneten nichts anderes zu tun haben, als „abzusegnen". Da ist es schon mal gut, wenn vielleicht zweierlei passiert. Einmal, dass sich diese Kommission Gedanken darüber macht, ob das denn angesichts aktueller Haushaltslagen vertretbar ist und dass auch das Parlament selbst solche Überlegungen anstellen darf. Diese Überlegungen werden übrigens spiegelbildlich betrachtet bei den Landesrundfunkanstalten vom Parlament auch angestellt. Das Parlament ist durch die KEF weitestgehend zurückgedrängt, aber diese Tatbestandsvoraussetzung für die Gebühr – Zumutbarkeit für den Teilnehmer – wird von den Landesparlamenten selbst überprüft. Deswegen meine ich, dürfte das der Bund auch tun. Aber jetzt kommt ein wichtiger Punkt. Das müsste natürlich im Sinne der Rundfunkfreiheit begründet werden. Nicht nur einfach begründet, „wir haben kein Geld". Oder: „Wir müssen jetzt ein Entwicklungshilfeprojekt in Bangladesh fördern." Sondern es muss im Sinne der Rundfunkfreiheit begründet werden.

Ich meine, dass das 8. Rundfunkurteil vor dem Hintergrund, dass wir es mit einer Anstalt, die Art. 5 unterliegt, zu tun haben, gute Anhaltspunkte bietet. Da hier schon gründlich vom Bundesverfassungsgericht gedacht worden ist, meine ich, sollten wir das aufnehmen und sollten uns daran erinnern, dass es mit der Finanzierung, so, wie sie jetzt geregelt ist, wirklich nicht mehr geht vor dem Hintergrund des Art. 5 und dass die Wegweisungen des 8. Urteils durchaus so sind, dass man darauf aufbauen kann.

Prof. Dr. Bernd Holznagel
Zum ersten Punkt: Die juristische Einstufung ist immer eine Frage des Sachverhalts. Der berühmte Realbereich der Norm ist zentral für die juristische Subsumtion. Ich kann bei dem Programm, das die DW heute macht, gar keinen Zweifel haben, dass Art. 5 gilt, dass sie Rundfunkveranstalter ist und dass dies im Übrigen auch EU-rechtlich, also durch Art. 10 EMRK, abgedeckt ist. Wenn das ein Rundfunkveranstalter ist, dann habe ich die Folgerungen zu beachten, die Herr Ricker resümiert hat. Es ist ein wenig abenteuerlich, wie das Finanzierungsfestsetzungs-Verfahren jetzt läuft. Dies muss angepasst werden.

Man könnte de lege ferenda die DW anders strukturieren. Wenn ich einen Teilbereich herausnehme, den ich als Servicefunktion zur Vermarktung Deutschlands im internationalen Standortwettbewerb definiere, würde das so zu verstehen sein, wie wir vor zehn Jahren überlegt haben, wie kann ich die Länder hinter dem Eisernen Vorhang zur Demokratie führen. Ich hatte dort eine sehr viel staatsbezogenere auslandspolitische Funktion. Ich versuche diesen Ansatz hier zu replizieren und sage: Ich mache jetzt ein Programm, was die Aufgabe hat, die deutsche Industrie – meinetwegen auch aggressiv – international zu vermarkten. Wäre man auch sehr nahe bei der Öffentlichkeitsarbeit, könnte man die Sendetätigkeit aus Art. 5 herausnehmen. Wenn aber – und da kann ich eigentlich nur auf das rekurrieren, was Herr Bethge gesagt hat – die Veranstalter Programm machen, was eben nicht diese enge Zielsetzung hat, dann bin ich sehr schnell wieder auf sicherem Boden. Dann ist das Rundfunk, wie wir dies nach EMRK oder nach Art. 5 Abs. 1 Satz 2 Grundgesetz kennen. Dann kommt das, was Herr Ricker sagt.

Aber ich möchte mir am Ende nicht verkneifen, mich nochmal auf Herrn Rickers Grundposition zu beziehen. Nämlich die Frage, ob die Länder verfassungsrechtlich die Möglichkeit hätten, Sendungen ins Ausland zu bringen. Ich möchte kurz die vier Argumente von Herrn Ricker auflisten.

Art. 73 Nr. 1 Grundgesetz bringt keine Kompetenz für die Länder. Das ist klar. Im Kern ist der Auslandsrundfunk Sache des Bundes. Die Legitimierung einer Versorgung von Inländern im Ausland als Aufgabe der Landesrundfunkanstalten habe ich bereits dargestellt. Deshalb ist das erste Argument für mich schon abgehakt.

Das zweite Argument war, dass die klassische Funktion der Grundversorgung aus Art. 5 Abs. 1 Satz 2 resultiert und dass es die Aufgabe von Art. 5 ist, im Sinne der Gewährleistung einer internationalen oder nationalen Willensbildung für Meinungsvielfalt zu sorgen. Mit dem Argument habe ich Schwierigkeiten. Ich habe Schwierigkeiten zum einen darin, den Begriff der Grundversorgung so zu fassen, wie Sie ihn verstanden haben. Dazu hat auch Herr Bethge das Notwendige gesagt. Die Grundversorgung ist eine Kategorie, die im Wesentlichen versucht, Grundsätze oder Spielregeln für die duale Rundfunkordnung zu formulieren. Im Übrigen gibt es einen Funktionsauftrag für den öffentlich-rechtlichen Rundfunk, der für jede einzelne Anstalt nochmals per einfachem Gesetz heruntergebrochen werden kann. In diesem Kontext hat der einfache Gesetzgeber Gestaltungsspielraum. Ich glaube auch, dass Art. 5 Abs. 1 Satz 2 stärker kulturpolitisch interpretiert werden müsste. Ich sehe einen Kulturauftrag auch unter dem Dach von Art. 5 gut aufgehoben. Zwischenresultat: Für mich wäre Art. 5 Abs. 1 Satz 2 keine Sperre.

Das dritte Argument lautete, dass auch ein Beitrag zur Meinungsbildung im Inland da sein muss, wenn ein Programm Auslandsbezug hat. Sie haben ARTE und 3sat genannt. Angesichts der vielen Auslandsdeutschen wäre das jetzt schon der Fall, so dass ich auf dieses Argument gar nicht strukturell eingehen muss, sondern einfach nur Ihr Argument subsumiere und sage: Die Auslandsdeutschen werden erreicht. Also ist das dritte Argument für mich auch abgehakt.

Bleibt das abgabenrechtliche Argument. Ich muss zugeben, dass ich im Abgabenrecht nicht so fit bin, dass ich dort im Einzelnen Ihre Argumentation vollständig widerlegen könnte. Gleichwohl möchte ich bemerken, dass die Rundfunkgebühr – das haben Sie auch ausgeführt – nie richtig als Gebühr im technischen Sinne qualifiziert worden ist. Es ist eine Art Gegenleistung für die Gesamtveranstaltung von Rundfunk. Da sehe ich nicht, dass dort das Merkmal der Gruppennützigkeit überhaupt einschlägig ist. Selbst wenn ich meinen würde, es sei einschlägig, hätte ich auch da keine Probleme, weil ich die gesamte Länderkompetenz nur für den Bereich dieses so genannten Auslandsdeutschen-Programmes überhaupt begründen will. Da hätte ich dann sogar eine Art Gruppe, nämlich all die Menschen, die aufgrund der Globalisierung gezwungen sind, im Ausland zu arbeiten.

Prof. Dr. Reinhart Ricker
Ich möchte keine Duplik mehr machen zu den vier Punkten. Das habe ich ausgeführt. Ich wollte aber auf etwas anderes zu sprechen kommen.

Gesetzt den Fall, man würde die DW einsetzen wollen, um regierungsamtliche Verlautbarungen, Stellungnahmen oder Erklärungen über den Sender zu bringen und sie damit zu einem Medium der Öffentlichkeitsarbeit partiell zu erweitern, dann wäre das unter den Vorgaben des Art. 5 und seinen Begrenzungen – nämlich geeignet, erforderlich und verhältnismäßig – schon denkbar. Wir haben auch im öffentlich-rechtlichen Rundfunk des Inlands staatliche Verlautbarungsrechte. Freilich sind sie sehr eingeschränkt und grundsätzlich auf die Gefahrenabwehr begrenzt. Aber man soll hier nicht unsachlich vergleichen. Die Bundesregierung hat möglicherweise einen größeren Bedarf an einer solchen Verlautbarungsmöglichkeit. Aber Voraussetzung wäre, dass das zum einen ins Gesetz kommt, denn das wäre eine wesentliche Angelegenheit und zum anderen ist es notwendig, dass natürlich auch diese Spielregeln des Art. 5 Abs. 2 eingehalten werden. Es kann also nicht zu einem Propaganda-Instrument der Regierung verkommen, sonst wäre der Art. 5 schwer beschädigt. Da müssten erhebliche Restriktionen aufgenommen werden.

Dr. Reinhard Hartstein, DW-Verwaltungsdirektor
Ich glaube, wir müssen uns bei der Frage der Finanzierung, und zwar bei beiden Themen, die heute Nachmittag eine Rolle spielen, sowohl der Finanzierungsquellen wie auch der Frage, wie wird die Finanzierung festgesetzt, etwas stärker mit den Aufgaben befassen. Die beiden Referate haben bereits die entsprechende Einleitung gebracht. Ich knüpfe an das an, was Prof. Dr. Holznagel gesagt hat. Er hat ja zwei Unterscheidungen gebracht: die Versorgung dauerhaft oder temporär im Ausland weilender Deutscher und die Versorgung der Ausländer.

Bei der Versorgung Deutscher im Ausland ist es möglich, über Pay-TV nachzudenken. Es ist auch richtig, dass sich hier eine verstärkte Zusammenarbeit mit ARD und ZDF geradezu aufdrängt. Es sind in etwa dieselben Sendungen gewollt und nachgefragt, die es auch im Inland gibt. Das ist das Interesse der Auslandsdeutschen.

Ob sich Pay-TV wirtschaftlich trägt, haben Sie bezweifelt. Das ist auch zu bezweifeln. Denn die Deutschen im Ausland sind über die ganze Welt verstreut und es sind nicht allzu viele. Kommt man nicht zu einer ausreichenden Pay-TV-Finanzierung, dann sehe ich das schon so, dass Rundfunkgebühren in einer Zusammenarbeit mit ARD und ZDF partiell herangezogen werden können, weil ARD und ZDF ohnehin nicht die Deutsche Welle als „Melkkuh" betrachten dürfen.

Es kann ja wohl nicht richtig sein, dass durch die Trennung von Landesrundfunk und Bundesrundfunk die DW alle Sendungen bei ARD und ZDF bezahlen muss. Dazu zwingt das Recht nicht. Es ist gerade das Gegenteil der Fall. Es wäre angebracht, längst in den Landesrundfunkgesetzen zu verankern, dass auch eine entsprechende Zusammenarbeit mit der DW erfolgen muss. Es stellt sich die Frage, warum die Landesrundfunkanstalten nicht bei den Sendungen, die sich für das Ausland eignen, in einer Zusammenarbeit mit der DW die Auslandsrechte Kosten sparend miterwerben. Häufig würde das gar nichts kosten, wenn man es von Anfang an machen würde. Aber – jetzt widerspreche ich Prof. Holznagel – ich glaube, es ist ein Irrweg zu sagen, das trennen wir jetzt organisatorisch von der Versorgung der Ausländer. Beides fließt zusammen. Es ist nicht so leicht möglich zu sagen, jetzt gründe ich hier eine Körperschaft und die macht etwas ganz anderes als die DW. Das funktioniert weder in der Praxis noch ist es rechtstheoretisch ganz richtig. Denn auch die Empfängergruppen fließen ineinander. Man kann nicht stringent abgrenzen, das ist die Empfängergruppe, da machen wir es per Körperschaft und finanzieren es per Pay-TV, und das ist die andere Empfängergruppe. Die eine Sendung ist nur für die, und die andere ist für jene. Wenn die These stimmt, dass sich die Zielgruppen überschneiden, kommen wir zu verschiedenen Finanzierungsquellen, vielleicht zu unterschiedlichen Kanälen, aber zu einer kooperativen Zusammenarbeit mit ARD und ZDF, beispielsweise im Rahmen eines Patronanzmodells: Die Programmverantwortung liegt bei der DW. Dies gilt vergleichsweise auch für das Gemeinschaftsfernsehprogramm der ARD im Inland. Da verantwortet auch nicht jede Rundfunkanstalt das Programm in allen deutschen Ländern. Beispielsweise verantwortet der WDR auch die Programme des Bayerischen Rundfunks. Die DW würde die Programme verantworten, die von ARD und ZDF zugeliefert werden.

Jetzt kommen wir aber zu dem sehr viel schwierigeren Thema der Versorgung der Ausländer und der Frage: Wie ist das mit den Aufgaben? Es ist nicht so ohne weiteres möglich zu sagen, die DW – hier habe ich eine etwas differenzierte Auffassung zu dem, was heute Vormittag geäußert wurde – kann sich da ihre Aufgaben selbst suchen. Weil sie Rundfunkanstalt ist, hat sie a priori das Grundrecht des Art. 5. Dann fragt sich der Auftraggeber, wozu braucht man so eine staatsunabhängige Institution überhaupt noch? Die Frage ist, wie kommt man denn zu einer vernünftigen Aufgabenbestimmung? Es gibt keine Finanzierung, die nicht aufgabenbezogen ist. Finanzierung bezieht sich immer auf eine konkrete Aufgabenstellung, übrigens nicht nur auf einen gesetzlichen Auftrag, der relativ schwammig formuliert ist und zwischen hundert Millionen und zwei Milliarden DM Finanzierungsvolumen alles beinhalten kann. Es ist meines Erachtens auch nicht erträglich zu sagen, die Bundesregierung mag ja irgendeine Politik im Kosovo betreiben, die DW stellt sich aber etwas anderes vor und macht, was sie will. Es muss irgendeine Verknüpfung zwischen staatlicher Aufgabenvorstellung und dem geben, was die DW sich unter ihren Aufgaben vorstellt. Das Ergebnis muss aber dann unter Wahrung der Position der DW in einer gewissen Unabhängigkeit entstehen. Wie dieser Prozess vonstatten gehen soll, das ist nun schwierig. Das ist vielleicht wieder ein „Dilemma", wie das Bundesverfassungsgericht zur Gebührenfinanzierung festgestellt hat. Häufig wird für solche Fragen eine Kommission eingesetzt. Aber bevor man hier eine Kommission einsetzt, kann man sich auch ein einfacheres Verfahren überlegen. Es könnte sein, dass die DW schlicht das macht, was übrigens im Gesetz steht: eine Aufgabenplanung zu entwickeln und dem Bund zur Verfügung zu stellen, der sich dazu äußert. Der Bund muss sich ja dann nicht dazu äußern, aber er kann es. Es ist auch nicht so, dass die DW jedes Jota einer Stellungnahme des Bundes übernehmen muss, aber selbstverständlich muss sie sich damit auseinandersetzen. Es wäre unerträglich, wenn sich eine Bundesrundfunkanstalt aus Steuergeldern finanziert, irgendwo abkoppelt und sich überhaupt nicht mehr darum kümmert, was sich eigentlich der Bund unter dem Gesichtspunkt der Globalisierung oder der Außenpolitik an Programmen – nicht an Programminhalten – vorstellt. Es muss also einerseits eine Vernetzung bei der Aufgabenstellung geben, andererseits muss die Finanzierung in einwandfreier Weise berechnet werden. Es kann aber nicht so sein, dass einem bei Hinweis auf die Rundfunkfreiheit ein Betrag in Millionenhöhe als „Frechheitsabschlag" abgezogen wird.

Prof. Dr. Dieter Dörr

Ich bin sehr dankbar für die Fokussierung auf das Problem: Wer bestimmt die Aufgaben? – Wir haben das heute Morgen noch nicht so angesprochen. Ich sehe jedenfalls zu meiner Position keinen Widerspruch. Es gilt eben nicht die Grundversorgungs-dogmatik, so dass die Aufgabenfestlegung sehr viel differenzierter ist. Ich meine, Herr Holznagel und Herr Ricker sehen das ähnlich.

Dieter Weirich

Ich will noch mal zu einem Aspekt Stellung nehmen, den Prof. Holznagel dargestellt hat. Die Diskussion leidet meiner Auffassung nach unter zwei Aspekten: Der erste Punkt: Wir reden permanent über Kompetenzen, statt uns die Frage zu stellen: Was wollen die Teilnehmer eigentlich im Ausland? Wer sind unsere Kunden? Wer sind unsere Nutzer?

Es gibt Begehrlichkeiten und Wünsche bestimmter Zielgruppen. Jetzt rede ich nicht von den Ausländern, sondern von den Germanophilen – die Franzosen reden immer von den Frankophonen und Frankophilen. Es sind Leute, die unsere Sprache können. Das können Auslandsdeutsche der ersten und zweiten Generation sein. Das können vorübergehend oder dauerhaft im Ausland befindliche Deutsche sein. Es gibt drei Wünsche. Dem ersten Wunsch werden wir nicht gerecht: Unterhaltung aus Deutschland, je nach Zielgruppe unterschiedlich. Das können wir nicht bieten.

Deswegen haben wir gesagt: Dieser Zielgruppe – übrigens keine der klassischen auswärtigen Medien- und Kulturarbeit – bietet man ein Pay-TV-Programm. Ich bin der Auffassung, dass man mit ARD und ZDF sofort ein Programm zusammenstellen kann, soweit rechtefreies Material zur Verfügung steht. Dafür bedarf es keiner Ge-bührenerhöhung. Wir stellen die digitalen Satellitenstrecken zur Verfügung und die Nachrichten, damit es keine Rechteprobleme gibt. Damit können wir morgen beginnen.

Da stellt sich die Frage: Was machen andere? Selbst das Polnische Fernsehen ist mittlerweile über Pay-TV in den Ländern in Übersee zu empfangen, wo sich Pay-TV rechnet. Nur für das deutsche Fernsehen gilt dies nicht. Wir diskutieren mit der Regierung die Frage der Kompetenz: macht das Bund, oder machen das die Länder? Was wollen die A-Länder? Was wollen die B-Länder? Wenn die Polen A- und B-Länder hätten, wären sie heute noch nicht im US-amerikanischen Pay-TV.

Zu Punkt 2: Ich bin der Auffassung, dass wir nicht völlig frei schwebend in der Landschaft agieren können, sondern dass es einen Auftrag gibt. Der Auftrag ist, wie in den Landesrundfunkgesetzen, zunächst mal schwammig formuliert. Wenn es Aufgaben gibt, die staatlicherseits festgelegt werden, habe ich damit überhaupt kein Problem. Wir haben unsere Aufgaben deswegen definiert, weil niemand je eine Vorgabe gemacht hat. Es hat sich niemand darum gekümmert und gesagt: Was wollen wir denn eigentlich? Was wollen wir denn draußen?

Bei den Engländern ist klar, dass die BBC Weltmarktführer ist und eine zentrale Rolle für die auswärtige Medien- und Kulturarbeit spielt. Die BBC ist das wirkungsvollste Medien- und Kulturinstrument, das ein Land haben kann. Deswegen kümmern sich Regierung und Parlament in Großbritannien darum; sie sind stolz auf dieses Instrument. Bei den Franzosen geht es um die Verbreitung ihrer Sprache. Dies ist etwas, was in Deutschland auch kaum Bedeutung hat: Sprachpolitik im internationalen Raum. Von daher gibt es auch eine deutliche Lobby und ein großes Maß an Aufmerksamkeit.

Nur was nicht geht ist, dass wir dem Deutschen Bundestag und der Bundesregierung eine mittelfristige Aufgabenplanung vorlegen – ich halte das für extrem verfassungswidrig –, klar beschreiben, was wir wollen und von dort aus gesagt wird, in Ordnung, macht es, um vier Wochen später 100 Millionen DM wegzunehmen. Ist doch klar, dass wir uns einer öffentlichen Finanzlage anzupassen haben. Aber dann kann ich doch von der selben Regierung erwarten, dass die sagt: ‚Weirich, Du hast uns hier ein ‚dolles Papier‘ vorgelegt mit wunderschönen Vorstellungen, nur das geht nicht, das kannst Du nicht finanzieren, also schmink’ Dir das ab und tu das, was jeder gute Journalist tut, den Blick für das Wesentliche entwickeln‘. Deswegen warte ich jetzt mal drauf, dass diese Regierung und das Parlament definieren, was sie unter der Aufgabe verstehen. Ich lese beispielsweise in Zeitungen, der Internet-Auftritt der Bundesregierung sei katastrophal, man wolle jetzt viele neue Leute einkaufen, um ihn gutzumachen. Die Institute der personalen Kommunikation, die bisher so gepflegt worden sind – Goethe, DAAD, Humboldt und andere – sagen, wir erreichen nicht mehr genügend Menschen, wir müssen auf die elektronischen Medien in der Globalisierung gehen. Zur gleichen Zeit stellt man die DW in Frage. Dies kann nicht funktionieren.

Ich will abschließend sagen: Wir können nicht, weil wir kein Propaganda-Institut dieser Regierung sind, das Bild Deutschlands positiv zeichnen, wenn es gerade nicht positiv ist. In der Phase, als es größere rechtsradikale Angriffe auf Asylantenlager gegeben und die internationale Presse darüber berichtet hat, haben wir dies nicht zu kaschieren versucht. Das heißt, wir können das Bild Deutschlands nur objektiv zeichnen. Wir sind weder die Schönredner der Regierung noch die Bauchredner der Opposition, sondern wir betreiben Journalismus. Aber wir können versuchen, ein bisschen mehr Hintergrund zu beleuchten, ein bisschen mehr Fokus auf Themen zu bringen, die andere nicht senden. Natürlich kann man einem Bild auch nur begrenzt entgegenwirken, wenn mit Blick auf die internationale Wettbewerbsfähigkeit und das

Sozialrecht in Deutschland die Schlagzeilen in den angloamerikanischen Wirtschafts-
zeitungen heißen: „Deutschland: sick at heart". Durch objektiven Journalismus gewinnen wir Glaubwürdigkeit und dienen damit dem Image unseres Landes.

Anton-Josef Cremer
Ich möchte zu den Ausführungen von Intendant Weirich etwas sagen. Herr Weirich
hat dringend die kulturpolitische Debatte angemahnt, die geführt werden muss. Nach
meinem Verständnis finde ich, muss man sich jetzt schon entscheiden, ob man sagt, wir
machen die DW zum Grundrechtsträger in Art. 5, dann aber bitte staatsfern oder nicht.
Aber ein bisschen nach dem Motto ‚das stimmen wir so ab und koordinieren', halte ich
nicht nur pragmatisch, sondern auch verfassungsrechtlich für ein Problem. Ein bisschen
schwanger geht nicht. Man könnte möglicherweise auf die Idee kommen, wie es in
Frankreich lange Zeit der Fall war, dass die Nachrichtensendungen von RFI vorab dem
Kabinettschef von Herrn Mitterrand vorgelegt werden mussten. Das kann es auch nicht
sein. Bei den Begehrlichkeiten dieser Vernetzung – oder wie Sie es genannt haben: der
Kooperation – werden Sie erheblich unter Druck geraten. Ich bin nicht sicher, ob der
Weg Sie letztlich in Abhängigkeiten führt, die Ihnen nicht zuträglich sind.

Prof. Dr. Bernd Holznagel
Nach der deutschen Tradition kann das nicht sein, das ist klar. Einen direkten Staats-
einfluss kann es nicht geben. Da gibt es die Programmautonomie, die ist auch gesichert.
Der Kern ist, dass eine Zieldiskussion geführt werden muss. Das Recht folgt dem. Wir
können als Verfassungsrechtler diskutieren, was die Spielräume sind. Nur die Konzeption muss erarbeitet werden. Man müsste die Fragen, die Herr Weirich aufgerufen hat,
an Vertreter des Bundes und der Länder geben, um zu hören, wie sie das sehen. Wie
steht es mit Pay-TV? Kann die Programmzulieferung unentgeltlich erfolgen? Ist das
eine realistische Konzeption, dies in ein Rundfunkgesetz zu schreiben? Gibt es, was
Herr Hartstein ansprach, so etwas wie Effizienzgewinne, wenn das im Voraus entschieden wird, weil ich gleich die gesamten Rechte einkaufe und das gesamte öffentlich-
rechtliche System Synergieeffekte hat, die in die Millionen gehen? Wenn da massiv
Geld verschwendet wird, wie Sie eben gesagt haben, verwundert mich dies sehr. Als
Staatsbürger habe ich das nicht gern, wenn das öffentlich-rechtliche System Millionen
weggibt. Wenn Effizienzdefizite vorhanden sind, muss dem konsequent nachgegangen
werden. Ich meine, man müsste die Frage an Herrn Haas weitergeben. Sie sitzen in
der Globalisierungskommission. Das ist jetzt fast ein klassisches Themenfeld, wo man
entweder sagt, man gründet jetzt einen Runden Tisch mit den Politikern, oder man
richtet eine Unterarbeitsgruppe ein und sagt, jetzt versucht mal, die verschiedenen
Optionen auszuarbeiten und legt eine politische Konzeption vor.

Prof. Dr. Dieter Dörr
Ich habe übrigens die Bemerkung von Herrn Hartstein auch anders verstanden. Es ging
ihm um eine allgemeine Aufgabenbeschreibung. Da haben wir im Rundfunkrecht

immer das Problem, dass die Staatsfreiheit durch den Staat selber – Herr Ricker hat ja darauf hingewiesen – gesichert werden soll. Er soll erst einmal beschreiben, wie die Rundfunkfreiheit ausgestaltet wird. Auf der anderen Seite soll der Staat aber auch die Staatsfreiheit und Staatsferne beachten. Wir sollten das noch einmal bei der funktionsgerechten Finanzierung vertiefen.

Dr. Dieter Stammler
Ich habe Herrn Hartstein und Herrn Weirich nicht so verstanden, dass diese Aufgabenplanung in Abstimmung zwischen der DW und dem Bund zum Einfallstor für Einflüsse des Staates auf den Programminhalt werden sollte, sondern es geht hier um die Konkretisierung des Funktionsauftrags der DW. Konkret bezogen geht es zum Beispiel um Antworten auf die Fragen: Welche Länder sollen in welchen Sprachen erreicht werden? Mit welchen Mitteln – Hörfunk, Fernsehen? Das sind Grundsatzentscheidungen, die mit der Politik abgestimmt werden müssen. Auf dieser Grundlage erst kommen diese Verfahren in Gang, die auch Herr Ricker angesprochen hat: die dem Art. 5 adäquate Festsetzung des Finanzbedarfs der Rundfunkanstalt auf der Basis der vorher definierten Aufgabenplanung.

Ich wollte aber auf ein anderes Stichwort eingehen, das Körperschaftsmodell. Als Vertreter des DeutschlandRadio (DLR) habe ich gewisse Erfahrung mit der Konstruktion einer Körperschaft. Das DLR ist eine öffentlich-rechtliche Körperschaft, die getragen wird von ARD und ZDF. Wir bewegen uns im Bereich des Landesrechts. ARD und ZDF, unsere Träger, sind Systeme, die von den Ländern errichtet worden sind. So ist das DLR eine auf einem Staatsvertrag der Länder beruhende Körperschaft. Wenn im Fall Auslandsfernsehen ARD und ZDF einerseits und die DW andererseits unter dem Dach einer Körperschaft zusammenarbeiten sollten, dann kommt in der Tat das Problem einer Mischverwaltung auf. Diese staatsvertragliche Grundlage würde dann gemeinsam von Bund und Ländern vorher geschaffen werden müssen. Ob dies mit den verfassungsrechtlichen Anforderungen vereinbar ist, da habe ich meine Zweifel.

Eine andere Frage könnte sein, ob man nicht mit dem Institut des beliehenen Unternehmers arbeiten könnte. Man geht von der Feststellung aus, sowohl der Bund als auch die Länder haben im Bereich der deutschsprachigen Auslandsversorgung jeweils eine Kompetenz, und eine Seite verzichtet auf die eigenständige Ausübung dieser Kompetenz, und überträgt sie der anderen. Sie aber muss dann in gewisser Weise die Funktionsherrschaft behalten. Konkret könnte es so aussehen, dass die DW dieses Programm macht und bestimmte Segmente von den deutschen Inlandsrundfunkanstalten (ARD, ZDF) zugeliefert bekommt, die aus den Mitteln der Rundfunkgebühr finanziert würden. Das Ganze würde unter diesem Patronanzmodell in ein gewisses Gleichgewicht gebracht werden. Nach außen hin würde die DW die rundfunkrechtliche Verantwortung dafür übernehmen; nach innen hätten für die Programmteile, die von ARD, ZDF zugeliefert werden, diese zuliefernden Anstalten auch die entsprechende Verantwortung. Ob eine Ansiedelung im Privatrecht zulässig wäre – wenn man sagt,

DW einerseits und ARD, ZDF gründen eine gemeinsame private Gesellschaft für Auslandsfernsehen – bezweifle ich. Ich glaube nicht, dass man das Problem der Mischverwaltung dadurch dann umgehen kann, wenn man eine private Trägerschaft schafft. Unter dem Dach des Patronanzmodells – beliehene Unternehmerschaft quasi – kann ich mir durchaus vorstellen, dass eine solche Kooperation möglich wäre auch unter Einbeziehung aus Mitteln der Rundfunkgebühren.

Horst Bachmann, Rechtsanwalt, Bonn
Prof. Ricker hat eben gesagt, es wäre nahe liegend, weil es diese Kommission nun einmal gibt, die Prüfung des Finanzbedarfs auch des Auslandsrundfunks der KEF zu übertragen. Die Kommission müsse allerdings (dann) mehr die Erforderlichkeit prüfen, als sie das bisher getan hat. Das hört sich gut an. Es hört sich auch leicht an: Es ist zu prüfen, was zur Erfüllung des öffentlich-rechtlichen Rundfunkauftrags erforderlich ist. Wir haben uns in der Kommission lange damit befasst, dies zu definieren. Das hat in der Kommission damals Prof. Schiedermair übernommen, der sitzt nachher hier auf dem Podium und kann, wenn er möchte, zu dem Ergebnis etwas sagen. Per saldo ist übrig geblieben: Wir können im Grunde genommen nur das aussortieren, was offensichtlich nicht vom öffentlich-rechtlichen Rundfunkauftrag erfasst ist. Solche Projekte aber haben die Rundfunkanstalten bisher nicht vorgelegt, und so kann die Kommission immer nur prüfen: Ist dieses Projekt plausibel? Ist es planungsreif? Liegt ein Finanzierungskonzept vor? Haben die Anstaltsgremien entschieden? Ist es entscheidungsreif? Wenn diese Kriterien erfüllt sind, kann die Kommission im Grunde genommen nur den Finanzbedarf nach der Plausibilitätsmethode und nach der indexgestützten Methode nochmals überprüfen, bemessen und den Ministerpräsidenten vorlegen. Mehr kann sie nicht, und mehr könnte sie auch nicht bei einer Körperschaft, die für den Auslandsrundfunk zuständig ist.

Prof. Dr. Dieter Dörr
Die letzte Bemerkung schließt an das weitere Thema an. Dann werden wir diese Aspekte mit Sicherheit vertiefen können. Bevor wir aber zu diesem Bereich der Diskussion kommen, möchte ich beiden Diskussionsteilnehmern auf dem Podium noch einmal die Gelegenheit geben, kurz aus ihrer Sicht zu einzelnen Fragen Stellung zu nehmen. Ich beginne mit Herrn Ricker und komme dann zu Herrn Holznagel.

Prof. Dr. Reinhart Ricker
Herr Bachmann, ich bin Ihnen dankbar, dass Sie noch einmal die Dinge konkretisiert haben. Das wäre ja ein Extra-Thema, was außerordentlich spannend ist. Wie weit kann die KEF, die zugegebenermaßen sich sehr müht und auch sachlich fundierte Ergebnisse zeitigt, ihre Kompetenzen ausweiten? Das ist keine Kritik gegenüber der KEF, sondern eigentlich eher eine Ermutigung. Ich will zu diesem Thema nur das Folgende sagen. Das Bundesverfassungsgericht hat im 8. Rundfunkurteil gesagt, es gibt Situationen, in denen ist es nicht mehr möglich, die Dinge hinreichend zu definieren. Dement-

sprechend bedarf es dann einer Grundrechtssicherung durch Verfahren. Dies sieht so aus, dass ein Club der Weisen – dies ist dieses Sachverständigen-Gremium – nun schlussendlich den Gordischen Knoten zerschlägt und sagt: Das ist erforderlich oder das ist nicht erforderlich. Das haben Sie in anderen Bereichen auch. Sie können nicht differenzieren: Ist eine Sendung nun tatsächlich noch von einem Mindestmaß an Sachlichkeit und gegenseitiger Achtung geprägt? Das können Sie nicht.

Sie erinnern sich vielleicht an den Film Lysistrata, als der Bayerische Rundfunk gesagt hat, das sei also nun gegen all das (was der öffentlich-rechtliche Rundfunk betreiben würde) gerichtet und könnte nicht mehr gebilligt werden. Es gab den großen Rundfunkskandal in den 70er-Jahren. Heutzutage würde das vielleicht im Vormittagsprogramm am Sonntag laufen. Tempora mutantur! Das Bundesverfassungsgericht hat das alles gesehen. Oder gehen Sie zur Bundesprüfstelle gegen jugendgefährdendes Schrifttum. Da haben Sie auch ein Sachverständigen-Gremium. Denn es ist nicht zu sagen, was jugendgefährdend ist. Früher war jugendgefährdend, dass man Hildegard Knef in der Blüte ihrer Jahre 20 Sekunden auf einem Liegestuhl nackt zeigte. Das war schon jugendgefährdend. Das könnten Sie heute sogar im Vormittagsprogramm senden. Weil das so ist, bedarf es irgend wann einmal nicht mehr der juristischen Definition, sondern der guten Juristen, die mit einer Verpflichtung für das Allgemeinwohl ausgestattet sind und sagen: So ist es. Dann ist Schluss der Debatte. So kann man das definieren, was da aus Karlsruhe gekommen ist.

Ich meine, diesen Mut müsste die sonst recht segensreiche KEF noch lernen. Da könnte sie operativer werden. Sonst sitzen wir wirklich irgendwo in der Falle. Die öffentlich-rechtlichen Anstalten melden an, und die Kontrollmöglichkeit dieser Anmeldung ist nur dürftig. Das Ergebnis ist, dass wir heute mit Abstand das opulenteste und auch das teuerste öffentlich-rechtliche System auf der Welt haben. Ob das in Zukunft so weitergehen soll, ist doch die Frage. Wenn uns das Bundesverfassungsgericht eine Handreichung gibt, sollte man sie angesichts der großen Schwierigkeiten, zwischen Ordnung und Freiheit einen Weg zu finden, auch aufnehmen.

Prof. Dr. Bernd Holznagel
Ich stimme dem im Kern zu. Diese Frage der Finanzfestsetzung muss durch ein stärkeres unabhängiges Gremium gewährleistet werden. Welche Form man findet, ist für mich noch offen. Im Schwerpunkt scheint mir ein zentrales Problem zu sein, dass dort eine Vision für die nächsten Jahre formuliert wird. Ich bin schwerpunktmäßig immer mehr mit dem Internet beschäftigt. Ich stelle immer mehr fest, dass die Webpages oder die Portale klar amerikanisch oder angloamerikanisch gesteuert sind. Es gibt wenige deutsche Stimmen, die überhaupt in der Lage sind, sich in diesem Medienmarkt noch Gehör zu verschaffen.

Wir haben noch Bertelsmann. Bertelsmann ist jetzt durch die Auflösung der Allianz mit AOL geschwächt. Deutschland hat im Moment – wenn man das mal pathetisch formuliert – keine globalen Internet-Plattformen mehr. Wir wissen noch nicht genau, was mit T-Online passiert. Aber der gesamte Multimediasektor hängt auch zurück, weil die Kabelnetze noch nicht privatisiert sind. Die Frage stellt sich: Wo ist überhaupt noch eine deutsche Stimme, die sich gegenüber diesen vielen Positionierungen im Internet Gehör verschaffen kann? Wenn Bertelsmann jetzt geschwächt sein sollte, der öffentlich-rechtliche Rundfunk nicht positioniert ist, dann weiß ich nicht mehr, wo da überhaupt noch etwas ist.

Ich betrachte das im Moment schon fast als eine nationale Aufgabe. Dann muss man künftig auch überlegen, wie man diese Außendarstellung vielleicht auch im Public Private Partnership bewältigen kann, wenn diese Diskussion des Auslandsfernsehens jetzt nicht alsbald zu Ende geführt wird. Die Konzeptionsfrage ist gestellt. Es ist keine Frage der Zuständigkeiten. Mich würde es entsetzen, wenn in den nächsten Monaten primär in den Ministerien über Kompetenzen gestritten wird, anstatt sich klarzumachen, was die Ziele und wie diese zügig umzusetzen sind. Um Herrn Middelhoff zu zitieren: Ein Internet-Jahr sind sieben Jahre im Medienbereich. Die Zeit arbeitet nicht für, sondern gegen uns.

Der Finanzbedarf der DW
Podiumsdiskussion
Moderation: *Prof. Dr. Dieter Dörr*

Prof. Dr. Dieter Dörr

Wir wollen jetzt zur konkreten und spannenden Frage kommen: Wie soll in Zukunft verfahrensmäßig der Finanzbedarf der DW ermittelt werden? Gibt es ein den verfassungsrechtlichen Vorgaben entsprechendes Verfahren, welches eine sachgerechte Finanzausstattung der DW für die Zukunft gewährleistet? Ich kann sofort in die Diskussion einsteigen und zunächst Herrn Schiedermair, der auch aus seiner früheren Tätigkeit bei der KEF mit diesen Fragen vertraut ist, bitten, uns seine Sicht der Dinge darzustellen.

Prof. Dr. Hartmut Schiedermair

Ich habe zwei Schwierigkeiten. Die erste: Den Letzten beißen bekanntlich die Hunde. Von dem, was ich mir zur Vorbereitung meines Beitrags überlegt habe, ist schon manches heute zur Sprache gebracht worden. Sie müssen also mit Recht Wiederholungen befürchten. Meine zweite Schwierigkeit ist: Ich will versuchen, mich kurz zu fassen, wohlwissend – und dafür bitte ich um Nachsicht – dass vielleicht das eine oder andere etwas verkürzt oder pointiert überkommt. Das können wir aber gegebenenfalls in der Diskussion klären.

Bei der Feststellung des Finanzbedarfs einer Rundfunkanstalt kommt es zum Schwur. Der Finanzbedarf ist der Maßstab für die Höhe der Gebühr oder auch des Bundeszuschusses im Falle der DW. Die Feststellung des Finanzbedarfs ist das Herzstück der Rundfunkfinanzierung.

1. Die Autonomie der Rundfunkanstalten

Ich beginne mit einer kurzen Vorbemerkung zu meinem Ausgangspunkt, damit, da man hier verschiedene Positionen einnehmen kann, keine Missverständnisse aufkommen. Meine Vorbemerkung betrifft die Autonomie der Deutschen Welle als einer Anstalt des öffentlichen Rechts. Hier kann ich meinem langjährigen Freund Dieter Dörr zur gemeinsamen Freude erst einmal deutlich widersprechen. Ich bin der Meinung, dass es sich bei der Autonomie der DW nicht um die Autonomie handelt, wie wir sie bei den Landesrundfunkanstalten vorfinden. Die Staatsfreiheit reicht bei der DW nach meiner Auffassung nicht wie bei den Landesrundfunkanstalten in die Organisation hinein, die bekanntlich öffentlich-rechtlich, aber nicht staatlich ist. Ich halte die DW für eine staatliche Veranstaltung, die mit einer eigenen Autonomie, man kann auch etwas unglücklich formulieren: Selbstverwaltungsrecht, begabt ist. Da ergibt sich in der rechtlichen Konstruktion so manche Parallelität zu der Einrichtung, der ich hauptamtlich angehöre, nämlich der Universität. Nur am Rande möchte ich bemerken, dass selbst die Landesrundfunkanstalten nach meinem Dafürhalten in diesem Sinne öffentlich-rechtlich organisiert werden könnten. Die Staatsfreiheit bedingt nicht notwendig die organisatorische Ausklammerung aus dem staatlichen Verband, solange die notwendige, von der Rundfunkfreiheit vorgegebene Unabhängigkeit der Veranstaltung, die Autonomie zur Erfüllung des Programmauftrags, gewährleistet ist. Warum sage ich das? Es kommt bei der Rundfunkautonomie nicht auf die Organisation und die Organisationsform, sondern auf den inhaltlichen Gehalt der Autonomie einer Rundfunkanstalt an. Das gilt auch und vor allem für die Finanzierung. Hier geht es also konkret um die Finanzautonomie.

2. Die Finanzautonomie

Dabei handelt es sich um ein heikles Problem, das zwei Seiten hat. Die Finanzausstattung einer Rundfunkanstalt ist schon immer der klassische Hebel staatlicher Steuerung und Einflussnahme gewesen. Dies gilt nicht zuletzt auch im Hinblick auf das Programm; denn die Programmgestaltung hängt notwendig mit der Finanzausstattung eng zusammen. Von der staatlichen Einflussnahme können die Universitäten ebenso wie die DW, wie ich meine, im Zuge der Sparwellen ein deutliches Lied singen. Wir sind hier Problemen ausgesetzt, die auch durch das täuschende Gerede vom so genannten Globalhaushalt und der Stärkung der Autonomie durch Globalhaushalte nicht gemildert, sondern stattdessen verschleiert werden.

Der Globalhaushalt täuscht Autonomie nur vor. In Wahrheit macht er staatliche Streichungs- und Kürzungsaktionen leichter. Er erleichtert oder fördert nicht die Autonomie der Anstalten, sondern die der Finanzminister, die sich mit Hilfe des Parlaments als Haushaltsgesetzgeber leichter durchsetzen werden; denn der Haushaltsgesetzgeber ist jederzeit frei, Einnahmen der Anstalten bei der Zuweisung des Globalhaushaltes summenmäßig einfach abzuziehen. Er braucht jetzt nicht mehr, wie in der Vergangenheit, bei einem aufgeschlüsselten Haushalt zu sagen, wo und was denn nun gekürzt werden soll. In meiner Universität mache ich das gerne so deutlich: Der Landeshaushaltsgesetzgeber musste früher Farbe bekennen, ob er etwa einen Lehrstuhl für Chirurgie oder innere Medizin streicht. Das braucht er in Zukunft unter den Bedingungen des Globalhaushalts nicht mehr. Er reduziert die Millionensumme um einen bestimmten Betrag. Das fällt niemandem so sehr auf, und damit wird in der Verschiebung der Verantwortung auf die Universitäten das Kürzen bequemer gemacht. Das hat alles mit Autonomie der Veranstaltung Universität überhaupt nichts zu tun. Es geht vielmehr hier um eine raffinierte Technik, Kürzungsprogramme zu Lasten der Betroffenen auf einfachem Wege durchzusetzen. Das ist die eine Seite.

Auf der anderen Seite geht es aber natürlich nicht – da habe ich einige Erfahrungen sammeln können –, dass Rundfunkanstalten unter Berufung auf ihren Programmauftrag sagen, das wollen wir machen und dafür muss der Staat, ob mit Gebühr oder Zuschuss, das Geld geben. Wir haben uns mit dieser Argumentation in der KEF mit den Intendanten der Landesrundfunkanstalten immer wieder eindringlich auseinandergesetzt.

Mein Argument war dabei stets, dass es doch nicht angehen kann, dass es überhaupt jemanden – auch nicht eine Rundfunkanstalt – in der Bundesrepublik gibt, der sich unter Berufung auf seine Freiheitsrechte das Recht nimmt, dem Bürger, sei es dem Gebührenzahler oder – im Fall des Staatszuschusses – dem Steuerzahler, unmittelbar in die Tasche zu greifen und dies mit seinem Freiheitsrecht zu legitimieren. Das geht rechtlich einfach nicht.

Dies sind die beiden Seiten des Problems der Finanzausstattung. Hier gilt es, genau einen Mittelweg zu finden. Um einen angemessenen und rechtlich nicht zu beanstandenden Mittelweg zu finden, müssen wir versuchen, uns der Hilfe des Bundesverfassungsgerichts in seiner Entscheidung zum Gebührenstaatsvertrag der Länder zu versichern, auch wenn wir wissen, dass es bei der DW nicht um eine Gebühr, sondern um die Finanzierung durch Bundeszuschüsse geht. Auf diesen Unterschied aber kommt es nicht an, wenn und soweit sich – und dies ist ein interessantes Problem – die Aussagen des Bundesverfassungsgerichts zum Gebührensystem auch auf die Zuwendungen des Bundes an die DW übertragen lassen. Darauf muss man die Entscheidung des Bundesverfassungsgerichts Punkt für Punkt abklopfen.

3. Die funktionsgerechte Finanzausstattung

Versichern wir uns zunächst einiger hier anwendbarer Grundsätze, die das Bundesverfassungsgericht für die Finanzierung des öffentlich-rechtlichen Rundfunks entwickelt hat. Selbstverständlich hat sich die Finanzierung des Rundfunks nach dessen Aufgaben und ihrer Erfüllung zu richten. Gleichzeitig hat sie den Schutz vor unzulässiger Einflussnahme zu gewährleisten. Dies sind die beiden markanten Vorgaben, die Aufgabenerfüllung – und dies weist auf den klassischen, von mir noch kurz zu beschreibenden Auftrag des Rundfunks hin – und Schutz vor unzulässiger Einflussnahme. Aus diesen beiden Elementen setzt sich das zusammen, was wir die Funktionsgerechtigkeit bei der Finanzausstattung des Rundfunks nennen. Hier ist die Drittfinanzierung nicht einzubeziehen. Sie darf nicht so in den Vordergrund rücken, dass die Gebühr oder der Zuschuss zur Nebensache wird, Hauptsache müssen vielmehr die Gebühr oder der Zuschuss sein und bleiben. Wir haben heute von Intendant Weirich gehört, dass dies de jure und auch de facto im Falle der DW so ist; maßgebend sind eben die Bundeszuschüsse, während die Drittfinanzierung hier außer Betracht gelassen werden kann.

Der nächste Schritt, den das Bundeverfassungsgericht im Zusammenhang mit dem Problem der funktionsgerechten Finanzausstattung des Rundfunks auch richtig vollzieht, besteht darin, konkrete Vorkehrungen gegen solche Beeinträchtigungen der Rundfunkfreiheit zu treffen, die zu einer unzulässigen Programmlenkung durch Finanzsteuerung führen. Dies ist schwierig, weil der Gesetzgeber hier über einen Gestaltungsfreiraum verfügt, der sogar bis zur Festsetzung der Gebührenhöhe mit all ihren medienpolitischen Folgen reicht. Das Bundesverfassungsgericht hat – wie ich meine – dabei mit einer Art Trennungsgrundsatz ein wichtiges Prinzip entwickelt. Dieses ist für die Finanzierung des Rundfunks sehr gut fruchtbar zu machen, um im Dienste der Rundfunkfreiheit die Programmneutralität der Finanzausstattung zu gewährleisten. Das Bundesverfassungsgericht sagt, dass es dem souveränen Gesetzgeber unbenommen bleibt, die grundlegenden medienpolitischen Entscheidungen selbst zu treffen. Das soll und muss er auch in der demokratischen Gesamtverantwortung tun. Genau diesem Ziel dient das Mediengesetz, wenn es die Aufgaben des Rundfunks bestimmt. Davon streng zu trennen ist das Haushaltsgesetz. Das Haushaltsgesetz – dies ist für den Bundeszuschuss der DW entscheidend – darf im Gegensatz zum Mediengesetz nicht zur medienpolitischen Steuerung herangezogen werden, da es dem Haushaltsgesetzgeber jederzeit leicht fällt, diese Steuerung zu verschleiern. Das Haushaltsgesetz lässt, selbst wenn der Haushalt nicht ein Globalhaushalt, sondern ein aufgeschlüsselter Haushalt ist, nicht erkennen, welche Steuerungsfunktionen es hat, während der Mediengesetzgeber bei der Aufgabenbestimmung stets Farbe bekennen muss. Bei den Globalhaushalten ist die Gefahr der Verschleierung im Haushaltsgesetz naturgemäß noch größer. Da lässt sich bei der Festlegung der Globalsumme ein Steuerungseffekt im Zweifel gar nicht erkennen, zumindest aber nicht nachweisen. Dennoch kann dieser Effekt eintreten, und deswegen geht es hier um Verschleierung. Aus diesem Grund fordert das Bundesverfassungsgericht bei der Rundfunkfinanzierung die Tansparenz in der Haushaltsgesetzgebung.

4. Die Feststellung des Finanzbedarfs

Wie aber sollen diese allgemeinen Grundsätze bei der konkreten Feststellung des Finanzbedarfs einer Rundfunkanstalt umgesetzt werden? Da sieht das Bundesverfassungsgericht in richtiger Selbsterkenntnis, dass die abstrakten, allgemeinen Grundsätze hier nicht weiterhelfen. Diese Grundsätze sind, um es etwas überzogen zu formulieren, nicht mehr als die ideologischen Vorgaben für die Rundfunkfinanzierung. Wenn es aber um deren konkrete Umsetzung geht? Wie will man da die Klarheit des Haushaltsgesetzes erkennen, ob es nun steuert, unzulässig steuert oder nicht? Das Bundesverfassungsgericht sieht hier – und dies ist der Mittelweg, den ich eingangs anzudeuten versucht habe – die Lösung im Verfahren.

Dabei fällt das Stichwort KEF. Zu einem Finanzierungsmodell für die DW, das der Rechtsprechung des Bundesverfassungsgerichts genügt, gehört eine KEF, entweder die bestehende KEF oder aber eine eigens durch Bundesgesetz eingerichtete KEF. Eine KEF würde in der neuen, vom Bundesverfassungsgericht vorgegebenen Form zu errichten sein. Sie wäre deshalb kein Hilfsorgan des Bundesgesetzgebers. Sie muss vielmehr den Anforderungen des Bundesverfassungsgerichts genügen. Dies bedeutet, dass schon durch die Besetzung der KEF mit unabhängigen Sachverständigen jede politische Einflussnahme ausgeschlossen wird.

Die für die Tätigkeit der KEF verbindlichen Maßstäbe sind klar. Sie haben sich vor allem nach der Aufgabe des Rundfunks zu richten und müssen aber gleichzeitig gemäß den gesetzlichen Vorgaben nicht nur der Aufgabenbestimmung des Rundfunks, sondern auch den Grundsätzen der Sparsamkeit und Wirtschaftlichkeit sowie – was nicht vergessen werden darf – den Interessen des Steuerzahlers genügen. Auch dieses Interesse soll und muss mit in die Waagschale geworfen werden.

Die Stunde der Wahrheit kommt jedoch erst, wenn der Bundesgesetzgeber im Haushaltsgesetz über die Höhe der Finanzausstattung der Deutschen Welle konkret zu entscheiden hat. Ist er an die KEF-Entscheidung gebunden? Was ist hier maßgeblich: der Gestaltungsfreiraum des Gesetzgebers oder das Votum der KEF? Dazu sagt das Bundesverfassungsgericht, dass diesem Votum keine rechtlich unmittelbar bindende Wirkung zukomme, der Gesetzgeber vom Votum zwar abweichen darf, dies jedoch begründen muss. Damit ist, wie wir aus der Praxis wissen, eminent viel gewonnen. Durch die Publizität und die Transparenzwirkung eines KEF-Berichts gerät der Gesetzgeber, der davon abweichen will, stets in Begründungszwang. So wird durch Transparenz eine unzulässige Steuerung durch die Finanzausstattung zwar nicht ausgeschlossen, zumindest aber erheblich erschwert. Deswegen lautet mein konkreter Vorschlag: eine in welcher Form auch immer gestaltete KEF für die DW, die allerdings den Vorgaben des Bundesverfassungsgerichts entsprechen muss.

5. Die DW als Kulturveranstaltung

Mit meinem fünften Punkt will ich dem Kollegen Di Fabio zur Belebung der Kontroverse gerne anbieten, seinen Angriff gegen mich zu starten. Man kann das Ganze, das ich Ihnen vorgetragen habe, mit der Frage anfechten, ob man denn bei der Deutschen Welle mit dem Modell der öffentlich-rechtlichen Rundfunkanstalt, die den Schutz der Rundfunkfreiheit des Art. 5 Abs. 1 genießt, überhaupt argumentieren darf. Schließlich kann man die DW auch anders sehen: als Instrument zur Pflege der auswärtigen Beziehungen des Bundes. Den daran geknüpften Kompetenzstreit lasse ich in diesem Zusammenhang bewusst außer Betracht, weil es mir um einen anderen Aspekt geht. Unter dem Gesichtspunkt der Pflege der auswärtigen Beziehungen geht es nicht um Grundrechte. Vielmehr ist die Bundesregierung als Inhaberin der auswärtigen Gewalt am Zuge. Hier ist also ihre Stunde gekommen. Damit scheint die DW nichts anderes zu sein als der verlängerte Arm der Bundesregierung, der verlängerte Arm des Auswärtigen Amtes, und damit ein Instrument der Öffentlichkeitsarbeit, mit dem die Regierung ihre Aufgaben bei der Pflege der auswärtigen Beziehungen erfüllt. Der Anwendung des Art. 5 Abs. 1 GG scheint danach aber der Boden entzogen zu sein, so dass es auf all das, was ich Ihnen vorgetragen habe, in diesem Zusammenhang gar nicht ankommen kann.

Dabei ist jedoch folgendes zu bedenken: Die DW ist als Rundfunkanstalt des Bundes nicht nur ein Instrument zur Pflege der auswärtigen Beziehungen. Um dies zu belegen, bedarf es nicht einmal des Hinweises auf den so genannten Inlandsbezug, den das Programm der DW aufweist. Die redlichen Bemühungen, mit der Versorgung der Auslandsdeutschen einen Inlandsbezug herzustellen und damit die Deutsche Welle in die Nähe der Landesrundfunkanstalten zu rücken, sie also damit ebenfalls zum schlechthin konstituierenden Faktor des politischen Willensbildungsprozesses im Sinne des Art. 20 Abs. 2 GG zu erheben, werden im Ergebnis nach meinem Dafürhalten nicht gelingen. Der Auslandsbezug des Programms der DW ist eben die Hauptsache, und die Versorgung der Auslandsdeutschen erweist sich demgegenüber nur als marginal. Insoweit wird die DW den Landesrundfunkanstalten niemals das Wasser reichen können. Der klassische Auftrag, den der Rundfunk nach der Rechtsprechung des Bundesverfassungsgerichts in seiner dienenden Funktion für den demokratischen Meinungs- und Willensbildungsprozess zu erfüllen hat, kann von der DW angesichts ihres Programmauftrags nicht erfüllt werden. Eine mit den Landesrundfunkanstalten vergleichbare Position wird die DW mithin niemals wirklich voll einnehmen können.

Wir müssen also andere Wege suchen. Hier bietet sich der klassische Auftrag des Rundfunks an, der sich nicht nur auf die Grundversorgung der Bevölkerung mit Information und Unterhaltung beschränkt. Zum klassischen Auftrag des Rundfunks – oft überlesen, vom Bundesverfassungsgericht eigentlich auch etwas scheu in die Debatte geworfen – gehört auch das, was das Gericht die kulturelle Verantwortung der Rundfunkanstalten nennt. Mit dem Stichwort der Kultur, das schon heute Morgen im eindrucksvollen Plädoyer des DW-Intendanten eine große Rolle gespielt hat, werden wir anknüpfend an die Entscheidung des Bundesverfassungsgerichts zum Gebührenstaatsvertrag auf die kulturelle Verantwortung der DW als Rundfunkanstalt hingewiesen. Aus dieser Verantwortung bezieht die Deutsche Welle ihre dienende Funktion. Die DW dient als Rundfunkanstalt der Pflege von Kultur.

Im Bereich der Kultur verschwimmen innen und außen, die Raster, Inlandsbezug oder Auslandsbezug. Innenpolitik oder Außenpolitik sind Maßstäbe, die hier nicht greifen. Zur Pflege der Kultur gehört das Innen ebenso wie das Außen, und im Fall der DW haben wir es mit einem Stück auswärtiger Kulturpolitik zu tun. Ich scheue mich nicht, mit deutlichen Worten darauf hinzuweisen, dass ich die auswärtige Kulturpolitik der Bundesrepublik Deutschland schon seit vielen Jahren als katastrophal empfinde. Ich nehme auch mit großer Besorgnis den fortschreitenden Dekultivierungsprozess zur Kenntnis, den sich die Bundesrepublik nach innen und außen im Zuge der so genannten Globalisierung und vollständigen Ökonomisierung aller Lebensverhältnisse zur Zeit leistet. Aus meinen Erfahrungen im Umgang mit den Ländern des östlichen Mitteleuropa habe ich zu meinem großen Kummer am Beispiel Frankreichs und der Vereinigten Staaten von Amerika lernen müssen, was auswärtige Kulturpolitik leisten kann. So habe ich auch die in Deutschland sträflich vernachlässigte, in Wirklichkeit aber eminente Bedeutung der Außendarstellung eines Landes in der auswärtigen Kulturpolitik kennen gelernt. Dies verbinde ich, wenn auch nicht allzu gerne, mit einer sehr persönlichen Bemerkung, auf die ich aber nicht verzichten will, um darzutun, was ich meine: Mein Sohn, der als Pianist freier Künstler ist und in New York studiert hat, sagte mir einmal: Weißt Du, ein Fischer-Dieskau leistet in Amerika für das Bild Deutschlands mehr als 100 Wirtschaftsmagnaten und 50 Staatsbesuche. Dies ist vollkommen richtig.

Die Unterschätzung der Außendarstellung eines Landes im Bereich der Kultur gehört zur Eigenart Deutschlands, sich in die provinzielle Innenwelt zu begeben, um dort nicht zur Kenntnis zu nehmen, welch eminente Bedeutung und welch eminenten Gemeinwohlbezug – auch im Hinblick auf die auswärtigen Beziehungen – Kulturveranstaltungen haben. Zu den Kulturveranstaltungen gehört aber auch der Rundfunk. Dies sollte man nicht nur bei der Aufgabenbestimmung, sondern auch bei der Finanzausstattung der DW berücksichtigen. Es geht darum, die beiden Elemente Kulturveranstaltung und auswärtige Beziehungen in der Finanzausstattung zum Ausgleich zu bringen.

Niemand kann leugnen, dass die DW ein Instrument der auswärtigen Kulturpolitik ist. Wenn sich aber der Bund hier in der Pflege der auswärtigen Beziehungen einer Rundfunkanstalt bedient und eben nicht des Auswärtigen Amtes oder der Botschaften, muss er auch die Bindungen anerkennen, die sich aus der Tatsache, dass die Deutsche Welle eben eine Rundfunkanstalt ist, notwendig ergeben. Er muss deswegen auch, wenn er sich die DW als Instrument zur Pflege der auswärtigen Beziehungen zu Nutze macht, ihre Unabhängigkeit respektieren. Damit aber ist das Tor zum Anwendungsbereich des Art. 5 Abs. 1 GG wieder weit geöffnet.

Die Tatsache, dass eine unabhängige Rundfunkanstalt mit der Darstellung der Bundesrepublik im Ausland auswärtige Politik betreibt und dies parlamentarisch nicht zu verantworten hat, lässt – und dies ist mir bewusst – ein demokratisches Defizit entstehen. Dies ist allerdings nicht so ungewöhnlich, wie es auf den ersten Blick hin erscheinen mag. Das gleiche Defizit beobachten wir auch bei der Deutschen Bundesbank. Sie macht mit der Geldpolitik ein wesentliches Stück Wirtschaftspolitik ohne parlamentarische Verantwortung. Darüber ist oft genug diskutiert worden. Das demokratische Defizit ist der unvermeidliche Preis für die Unabhängigkeit, die der Bundesbank vom Gesetzgeber eingeräumt worden ist. Was für die Bundesbank in der Wirtschafts- und Währungspolitik kraft Gesetzes gilt, gilt meines Erachtens für die DW, soweit sie als Kulturveranstaltung zur Pflege der auswärtigen Beziehungen beiträgt, nicht kraft Gesetzes, sondern kraft Art. 5 Abs. 1 GG.

Prof. Dr. Dieter Dörr
Nachdem schon der Gegenangriff angekündigt ist – vielleicht kommt er auch gar nicht – sind wir gespannt auf das, was Sie, Herr Di Fabio, uns zu dieser Thematik zu berichten haben.

Prof. Dr. Dr. Udo Di Fabio, Universität München
Wir beschäftigen uns in dieser Phase des Symposiums mit der konkretesten Fragestellung, nämlich der Ermittlung des Finanzbedarfs. Ermittlung bedeutet, auf welchem Wege wird der Finanzbedarf festgestellt. Aber dahinter steht auch die Frage: Welchen subjektiven Anspruch hat möglicherweise die Deutsche Welle auf eine angemessene Finanzausstattung, wie sie sich im Gesetz ergibt? Dann kommt man notwendigerweise auf das Prozedere. Wir haben heute Morgen von Herrn Leidinger gehört, der Bertolt Brecht zitiert hat, dass alle Wahrheit im Konkreten liegt. Deshalb nähern wir uns jetzt, glaube ich, auch der Wahrheit, sofern es eine solche juristische Wahrheit geben kann. Aber ein anderer – Niklas Luhmann – hat gesagt, dass der Weg zum Konkreten über das Allgemeine führt. Deshalb müssen wir wieder zurück zum Allgemeinen, das heute Vormittag bereits die Diskussion bestimmt hat. Dies führt zur Frage: Welchen verfassungsrechtlichen Status hat eigentlich die DW? Denn von diesem verfassungsrechtlichen Status hängt es ab, ob die DW als subjektives Recht einen Finanzierungsanspruch hat, den sie aus der Verfassung ableiten kann. Einfachgesetzlich haben wir diesen Anspruch, es geht aber um einen Anspruch, den die DW verfassungsrechtlich

herleiten kann. Dies führt uns in die Diskussion des Art. 5 Abs. 1 Satz 2 des Grundgesetzes. Dieser Artikel ist am heutigen Tag omnipräsent gewesen. Allerdings muss ich sagen, er wurde nicht dogmatisch behandelt.

Wenn ich dogmatisch vorgehe – das tun sogar Verfassungsrechtler, obwohl ihnen das manchmal abgesprochen wird – schaue ich mir den Schutzbereich, die Gewährleistungsgehalte des Art. 5 Abs. 1 Satz 2 an. Das sind mehrere.

Der erste Gewährleistungsgehalt ist ein verhältnismäßig trivialer. Die Rundfunkfreiheit nimmt das auf, was der vorangehende Satz auch garantiert, nämlich die Meinungsfreiheit für einen Spezialbereich. Insofern ist der Art. 5 Abs. 1 Satz 2 GG eine Wiederholung, eine spezielle Gewährleistung der Meinungsfreiheit im Bereich des Rundfunks und damit Abwehrgrundrecht. Das heißt, der Staat darf auch hier nicht zensieren. Er darf nicht ungerechtfertigt eingreifen. Er unterliegt den Bindungen des Art 5 Abs. 2.

Die zweite Gewährleistung, die heute Morgen bereits zur Sprache kam, ist das Verbot des Staatsrundfunks. Nach den Erfahrungen der Weimarer Zeit und der Entwicklung des nationalsozialistischen Rundfunks hat das Bundesverfassungsgericht aus Art. 5 Abs. 1 Satz 2 des Grundgesetzes ein solches Verbot abgeleitet.

Der dritte Gewährleistungsgehalt dieser Vorschrift ist eine Art Bestands- und Entwicklungsgarantie. Man würde heute verfassungsdogmatisch etwas moderner sagen: die Gewährleistung einer Infrastruktur, so wie wir das bei der Telekommunikation oder bei der Bahn kennen. Das heißt, die Verfassung verpflichtet den Staat zur Gewährleistung einer bestimmten Aufgabe der Daseinsvorsorge, wie wir früher gesagt haben. Das ist geltendes Verfassungsrecht. Nicht unmittelbar aus Art. 5 Abs. 1 Satz 2 – aber durch die Rechtsprechung des Bundesverfassungsgerichts konkretisiert – ergibt sich dieser Gewährleistungsgehalt einer Infrastruktursicherung. Sie kennen alle den virulenten Begriff der Grundversorgung: Er bringt diese Infrastruktursicherung zum Ausdruck. Jede Gesellschaft ist auf eine bestimmte Informationsbasis angewiesen, die nicht nur quantitativ, sondern auch qualitativ bestimmten Anforderungen genügen muss. Dies ist eine Verfassungsvoraussetzung, die dem Staat nicht gleichgültig sein darf. Deshalb ist der öffentlich-rechtliche Rundfunk insofern ein Instrument, als damit der Staat seine Gewährleistungsverantwortung im Hinblick auf die Bereitstellung einer Grundversorgung von Informationen wahrnimmt. Information heißt nicht nur Nachrichten im Sinne der Tagesschau: Das heißt mehr. Man kann dies auch völlig übereinstimmend mit Herrn Schiedermair als Kulturauftrag in einem weiten Sinne verstehen, wobei zur Kultur auch Unterhaltung zählen kann.

Das sind die drei Gewährleistungsgehalte des Art. 5 Abs. 1 Satz 2 GG. Die Gretchenfrage ist nun: Kann die DW sich auf einen dieser Gehalte berufen, insbesondere: Kann sie sich auf die Infrastrukturgarantie berufen? Dass es hier nicht um Abwehr geht, ist klar. Wir reden über die Frage, ob und inwieweit und auf welchem Wege die DW einen Anspruch auf Finanzierung durch den Bund hat. Was im Jahr 1999 dokumentiert worden ist, das zeigt – ich will nicht übertreiben – aber vielleicht sogar die Dramatik dieser Fragestellung. Es ist ja hier kein Einzelfall, dass der Gesetzgeber hingeht, eine

Aufgabe definiert – wie hier im DW-Gesetz – und bei der nächsten Streichrunde die Finanzierung immer weiter einschränkt. Die Universitäten können, wie viele andere Institutionen in diesem Land, ein Lied davon singen. Nun kann man sagen, da müssen alle ein Solidaropfer erbringen. Irgendwann nähert man sich allerdings dem Punkt, wo die Aufgabe nicht mehr funktionsadäquat wahrgenommen werden kann. Die Frage ist also: Wenn dieser Punkt bei der DW erreicht wäre, wäre das zugleich eine Verfassungsfrage?

Das könnte dann der Fall sein, wenn die DW irgendwie in den Genuss des Schutzbereichs des Art. 5 Abs. 1 Satz 2 GG im Sinne eines Anspruchs auf Ausstattung kommt. Dagegen spricht nun die Herkunft der DW und immer noch ihre grundlegende Organisationsstruktur, wie wir sie heute antreffen. Die Deutsche Welle ist eine Veranstaltung des Bundes, sie ist eine Anstalt, die dazu bestimmt ist, eine Staatsaufgabe wahrzunehmen, Herr Schiedermair. Auch da stimmen wir völlig überein. Die öffentlich-rechtlichen Rundfunkanstalten, die auf die Inlandsversorgung ausgerichtet sind, nehmen keine Staatsaufgabe wahr. Wir unterscheiden zwar zwischen öffentlichen Aufgaben und Staatsaufgaben, aber insoweit sprechen wir nicht von Staatsaufgabe. Anders, wenn es im Kern um die Außendarstellung der Bundesrepublik Deutschland geht, eine nationale Aufgabe, hätte man früher gesagt. Heute scheut man sich, das so zu sagen. Aber es ist immer noch eine nationale Aufgabe. Von dieser Positionsbestimmung her handelt es sich allerdings um mittelbare Staatsverwaltung. So spricht auch das Gesetz von Selbstverwaltung. Zu sagen, Selbstverwaltung sei keine mittelbare Staatsverwaltung, halte ich für eine Begriffsverwirrung. Sie ist eine besondere Form mittelbarer Staatsverwaltung.

Es geht also hier um die Frage: Kann denn ein Teil der mittelbaren Staatsverwaltung, eine rechtsfähige Person (hier eine Rundfunkanstalt) vom Verwaltungsträger (hier dem Bund) verlangen, finanziell angemessen ausgestattet zu werden? Wir wissen, dass solche Diskussionen überall dort geführt werden, wo Selbstverwaltungseinheiten bestehen. Wir müssen – bevor wir zur Antwort auf diese Frage schreiten – noch eines berücksichtigen, das bereits mehrfach angeklungen ist. Diese grundlegende Positionsbestimmung, dass hier der Bund eine Staatsaufgabe mit einer verselbstständigten Verwaltungseinheit – einer Bundesrundfunkanstalt – erfüllt, ist der Ausgangspunkt. Aber diese Rundfunkanstalt hat, das ist durch die Gesetzesänderung bewirkt worden, ihre Funktion verändert. Diese Entwicklung geht dahin, dass die Grenzziehung zwischen innen und aussen, die letztlich dem Modell Auslandsrundfunk und auch dem Begriff Ausland zu Grunde liegt, nicht verschwunden, aber fließend geworden ist, jedenfalls nicht mehr in der Schärfe – wie das vielleicht vor 30 oder 40 Jahren der Fall gewesen ist – darstellbar ist. Daraus sind Konsequenzen zu ziehen. Denn heute stellt sich die Bundesrepublik Deutschland als Kulturnation, wenn ich dieses große Wort bemühen darf, auch über seinen Auslandsrundfunk dar.

Mit einer solchen Außendarstellung wirkt der Bund aber zugleich auf die Innenwahrnehmung der Bundesrepublik Deutschland zurück. Nicht nur wegen der verhältnismäßig geringen Anzahl der dauerhaft im Ausland lebenden Deutschen, sondern auch über eine Reflexion derjenigen, die besondere Verbindung zur deutschen Sprache im Ausland haben, aber auch derjenigen, die etwa als Touristen im Ausland sind. Hier findet ein Stück weit Selbstdarstellung einer Gesellschaft durch den Auslandsrundfunk statt. Daraus resultiert übrigens auch die Innenwirkung, die dazu führen kann, dass man hier in Deutschland das Programm von DW-tv – bei einer entsprechend attraktiven Programmgestaltung zunehmend – schaut. Wenn tatsächlich mit der Kooperation ernst gemacht wird, die DW vielleicht sogar ein Unterhaltungssegment bekommt, dann könnte ich mir vorstellen, dass auch im Inland Marktanteile, kleiner Art vielleicht, aber immerhin, zu erobern sind.

Dieses Hineinwachsen in eine „normale" Rundfunkanstalt entzieht der Deutschen Welle nicht ihre grundlegende Zweckbestimmung Auslandsrundfunk zu sein, aber lässt sie verstärkt hineinwachsen in den Schutzbereich des Art. 5 Abs. 1 Satz 2 des Grundgesetzes. Der Art. 5 Abs. 1 Satz 2 des Grundgesetzes wirkt auf den Finanzierungsanspruch und die Methode der Ermittlung des Finanzbedarfs für die DW ein. Aber nicht allein. Denn wir bleiben dabei, dass es um eine Bundesanstalt geht, die mit subjektiven Rechten nur dort ausgestattet ist, wo es um ihre Rundfunkfreiheit geht.

Jetzt kommt die Synthese. Daraus kann nur abgeleitet werden, dass die Finanzbemessung staatsfern zu erfolgen hat. Programmfern müsste man in diesem Fall besser sagen. Es darf nicht programmspezifisch finanziert werden. Deshalb wäre aus dieser Sicht die – von Herrn Schiedermair zu Recht als nicht unkritisch dargestellte – Globalfinanzierung aus dieser grundrechtlichen Sicht das Beste. Dann sind keine Einflussnahmen möglich. Aber dem Bund geht es nicht so sehr um Einflussnahmen, es geht einfach darum, Geld zu sparen. Das dürfte jedenfalls keine so fernliegende Annahme sein. Jetzt erkennen wir: Der grundrechtliche Anspruch der DW ist nur der, dass die Finanzierung sich nicht auf die Meinungsfreiheit auswirkt. Aber das ist in erster Linie gar nicht das Petitum der DW. Das Petitum ist doch, wenn ich das richtig verstanden habe, dass sie eine funktionsgerechte Ausstattung bekommt. Ein in jedem Jahr gekürzter Globalhaushalt könnte im Hinblick auf eine funktionsgerechte Finanzausstattung genau kontraproduktiv sein.

Die Zuordnung einer Infrastrukturaufgabe an die Deutsche Welle auf dem Gebiet der Informationsbereitstellung ist aber schwierig, weil die Rechtsprechung des Bundesverfassungsgerichts in Bezug auf die Grundversorgung das Inland im Blick hatte und die Stärkung der Rundfunkfreiheit gerade aus der essenziellen Bedeutung für die demokratische Meinungsbildung hergeleitet worden ist. Dieses Argument sticht bei der DW nicht, überzeugt nicht recht. Deshalb ist der Anspruch der Deutschen Welle schwach und das Budgetrecht – das bei Herrn Bethge nicht so recht zum Zuge kam, obwohl vom Titel des Vortrags erfasst – ist vergleichsweise stark. Das Budgetrecht ist hier stärker gewichtet als bei den öffentlich-rechtlichen Inlands-Rundfunkanstalten, weil dort die verfassungsrechtliche Pflicht zur Infrastruktursicherung stärker ist. Wir haben hier eine etwas andere Gewichtsverteilung; deshalb würde ich mich gegen diese völlige Gleichsetzung öffentlich-rechtlicher Rundfunk und DW wehren. Aber das bedeutet nicht, dass die DW in ihrem Anspruch auf angemessene Finanzausstattung wegen dieses Wandels, dass der Auslandsrundfunk zunehmend Rückwirkung auch auf das innere Bild eines Staates wie die Bundesrepublik Deutschland hat, verfassungsrechtlich völlig rechtlos wäre. Zwar sind wir noch lange nicht bei der Kraft des öffentlich-rechtlichen Rundfunks angelangt, aber vielleicht bewegen wir uns ein Stück weit da hinein.

Das führt zu der Konsequenz, dass das Budgetrecht des Parlaments in Bezug auf eine Bundesanstalt, die grundsätzlich im Wirkungsbereich des Artikel 5 Abs. 1 Satz 2 des Grundgesetzes angesiedelt ist, stark, aber nicht unbegrenzt ist. Die Idee einer Kommission könnte insofern hilfreich sein, weil damit eine mehrjährige Finanzplanung gestützt werden könnte. Selbstverständlich wäre das Kommissionsvotum, genauso wie bei der KEF, nicht bindend. Ich würde sogar sagen, aus meiner verfassungsrechtlichen Herleitung noch weniger bindend, also einfacher zu überwinden durch den Bund, aber argumentativ wäre der Gesetzgeber zur Offenlegung seiner Sachgründe genötigt.

Prof. Dr. Dieter Dörr
Wenn ich als Moderator eine Bemerkung zu Ihren sehr grundsätzlichen und differenzierten Ausführungen zur Geltung der Rundfunkfreiheit machen darf: Nach meiner Vorstellung war die Deutsche Welle schon bei der Rundfunkfreiheit angekommen. Bei Ihnen ist das Ergebnis etwas abgestuft. Da gilt die Rundfunkfreiheit differenziert, und auch der Anspruch auf funktionsgerechte Finanzierung besteht nicht so wie bei einer Landesrundfunkanstalt.

Prof. Dr. Herbert Bethge
Herr Di Fabio, Sie beziehen sich in Ihren literarischen Veröffentlichungen, die ich sehr schätze, immer auf Ihre beiden großen wissenschaftlichen Figuren. Ich weiß nicht, wer den Vorrang einnimmt, Niklas Luhmann? Aber ob Ihr Vortrag dem Abbau von Komplexität gedient hat, wage ich zu bezweifeln. Sie argumentieren nach der Devise, warum soll man es sich einfach machen, wenn es auch schwer geht. Dies gilt übrigens, Herr Schiedermair, auch für Sie, auch wenn Ihr Ergebnis tröstlich war. Bei Ihnen hat die DW schon ein bisschen Rundfunkfreiheit, während bei Herrn Di Fabio sie auf einem ständig vorhersehbaren Weg ist, sie wirkt ein, sie nähert sich. Ich frage mich: Wie soll ich darauf eine Verfassungsbeschwerde stützen, wenn ich antworten muss, hat sie es nun, oder hat sie es nicht? Dass eine Rundfunkanstalt eine Staatsaufgabe nach außen wahrnimmt und dennoch mittelbar reflexiv durch einen fortschreitenden Binnenbezug einen nichtstaatlichen Effekt bekommt, das ist ein osmotischer Weg. Den möchte ich nicht unter juristischen Kategorien nachvollziehen wollen.

Dass Selbstverwaltung identisch ist mit mittelbarer Staatsverwaltung, ist schlicht und einfach in dieser Pauschalität falsch. Selbstverwaltung ist ein sehr komplexer Begriff. Es gibt ihn als einfachrechtliche Zubilligung, die Bundesanstalt für Arbeit hat Selbstverwaltung. Es gibt die Selbstverwaltung als eine verfassungsrechtliche Kategorie, wo sie gleichbedeutend ist mit der mittelbaren Staatsverwaltung – Artikel 28 Abs. 2 Grundgesetz. Es gibt Selbstverwaltung als innerkirchliche Form – Artikel 137 Abs. 2 WRV; da ist sie alles andere als identisch mit der Staatsverwaltung. Bezogen auf die Rundfunkanstalten hat Karlsruhe gesagt – das darf man wohl trotz dieser

Distanzierungsversuche zitieren – dass deren Selbstverwaltung nicht identisch ist mit mittelbarer Staatsverwaltung; also eine scharfe Zäsur.

Dass Rundfunkfreiheit eine Art lex specialis zur Meinungsfreiheit sein soll, ist falsch, denn Rundfunkfreiheit und auch Pressefreiheit sind mehr als so ein Unterfall der Meinungsfreiheit. Sie sind eine Gewährleistung für sich, die beide nach ihren eigenen Gesetzlichkeiten beurteilt werden müssen.

Ob der kulturelle Aspekt beim Rundfunk mit zu bedenken ist? Warum nicht? Wir haben uns immer schon in der Lage gefühlt, dass wir sozialstaatliche und auch kulturstaatliche Bezüge mit berücksichtigen. Nur, Herr Schiedermair, ob der Kulturstaatsbegriff so weiterführend ist, wage ich zu bezweifeln. Herr Häberle würde Sie umarmen. Wenn Sie seine rund 800 Seiten Kulturwissenschaft/Verfassungslehre mitsamt den Verweisungen gelesen haben, werden Sie merken, dass das wohl ein Verweis ad infinitum sein kann, nicht muss, wohlgemerkt.

Ich meine, dass die Unterscheidung zwischen einer grundrechtsgeschützten Rundfunkfreiheit, die insoweit die Finanzierungsmöglichkeiten von Staatsorganisationen auslöst, und einer mittelbaren Staatsverwaltung, die anders finanzierbar ist, nicht machbar ist. Ein solcher Ansatz ist interessant, aber damit lassen sich keine praktischen Ergebnisse erzielen. Das bedeutet: Für meine Verhältnisse ist die DW, weil sie Rundfunk veranstaltet – das Wort, Herr Di Fabio, tauchte bei Ihnen nicht auf –, weil sie Programmautonomie genießt, das wurde kurz erwähnt, schon deshalb Teilnehmerin der Rundfunkfreiheit. Sie ist staatsfrei organisiert, und wenn nicht genug, dann muss sie eben noch staatsfreier gemacht werden. Man kann nicht nur teilweise schwanger sein, entweder oder.

Von daher meine ich, dass auch zu dieser Infrastrukturgarantie, die bislang in der wissenschaftlichen Lehre so bezeichnet worden ist – das ist ja ein interessanter Gesichtspunkt – dass dazu auch ihre Finanzierungsgarantie gehört. Wenn wir ihr zubilligen, einen Finanzierungsanspruch zu haben, wenn wir zubilligen, dass sie Grundrechtsträgerin ist, wenn sie also im freiheitsrechtlichen Aktionskreis angesiedelt ist, wenn sie nicht eine Dependance des Staates ist, dann ist das Haushaltsrecht des Parlaments insoweit zurückgedrängt, als nicht durch einfache Etatzuweisung das Finanzgebaren unmittelbar oder mittelbar dirigiert werden kann. Daher ist der gegenwärtige Zustand schlicht verfassungswidrig. Ich habe dafür plädiert, dass es zur Gesetzesänderung kommen muss – als Ergebnis der Fragestellung des Titels „Rundfunkfreiheit gegen Budgetrecht". Rundfunkfreiheit schlägt Budgetrecht, das Budgetrecht wird der Rundfunkfreiheit nicht gerecht.

Ich bin Ihnen, Herr Di Fabio, noch den zweiten Urvater schuldig, Herrn Ossenbühl. Er hat bereits 1969, als der Deutschlandfunk noch ganz tief eine Bundesrundfunkanstalt war und auf wenigen Normen gefußt hat, in der Deszendenz einer Kölner Schule die Auffassung entwickelt, dass auch der Deutschlandfunk sich selbstverständlich auf Art. 5 GG berufen kann. Herr Ossenbühl hatte Recht. Ich würde sagen, dass auch Sie sicherlich ebenso wie die DW auf ihrem Weg zur Grundrechtsberechtigung die Möglichkeit haben, sich dieser richtigen Ansicht zu nähern.

Dr. Hans-Joachim Berg, Deutsche Welle, Köln

Wenn ich für mich sehr holzschnittartig die Diskussion zusammenfasse, dann würde ich sagen: Wir befinden uns quasi auf der Ebene eines Teilurteils. Zwar sind sich alle einig, dass wir dem Grunde nach einen Anspruch auf eine angemessene Finanzierung haben. Das ist aber für die Parteien nicht immer die spannende Frage, sondern das Endurteil. Die Höhe des Anspruchs ist das Entscheidende. Da würde ich es begrüßen, wenn wir vom Podium eine Aussage zu dem, was Herr Hartstein heute Morgen angeschnitten hat und was meiner Ansicht nach leider völlig untergegangen ist, erfahren würden: was Maßstab der Höhe des Finanzierungsanspruchs sein kann. Er richtet sich eigentlich – wie es im Gesetz schon initiiert ist – nach der Aufgabenplanung, die die Deutsche Welle – das kann man nicht hoch genug bewerten – in einem höchst komplizierten Verfahren erstellt, mit einer mehrfachen abstimmungsmäßigen Zurückverweisung zwischen Verwaltungsrat und Rundfunkrat. Das ist nicht etwas, was im völlig luftleeren Raum voluntaristisch – Wie groß soll unser Geschäftsfeld sein? – festgestellt wird, sondern das ist ein gesetzlicher Bestandteil unseres Finanzierungssystems. Da wäre ich sehr dankbar, wenn ich vom Podium zu der Rechtsqualität dieser Aufgabenplanung etwas hören würde, weil ich sicher bin, dass uns das einen wesentlichen Maßstab bei der Frage des Endurteils, nämlich der Höhe des Finanzierungsanspruchs geben würde.

Prof. Dr. Dr. Udo di Fabio

Der Abbau von Komplexität ist nicht der Kerngedanke von Niklas Luhmann. Aber selbst wenn er das wäre, er ist kein Rechtsgebot. Die verfassungsrechtliche Lage kann kompliziert sein; wir dürfen die Komplexität nicht so reduzieren, dass es rechtlich falsch wird.

Deshalb meine ich, man kann hier nicht allein von Rundfunkfreiheit reden und das Budgetrecht des Parlaments im Bereich der mittelbaren Staatsverwaltung schlicht ignorieren. Die mittelbare Staatsverwaltung ist ein Begriff des Verwaltungsorganisationsrechts, der besagt, dass eine Einheit aus dem Staatsverband mit eigener Rechtsfähigkeit versehen wird. Wenn diese Einheit zudem noch mit Selbstverwaltungsautonomie versehen wird, dann haben wir auch eine materielle Verselbstständigung, die – wie bei den Universitäten oder im Bereich des Rundfunks – grundrechtlich abgesichert sein kann. Das lässt sich aus jedem Verwaltungsrechtslehrbuch ermitteln.

Was mir wichtig zu sein scheint, was vielleicht bislang noch zu kurz gekommen ist, bezieht sich auf die konkrete Frage, die gestellt worden ist: Hat die DW aus all dem, was hier mit unterschiedlichen Nuancierungen – die einen betonen stärker die Rundfunkfreiheit, andere weisen auch auf das Budgetrecht ausgleichend hin – einen Anspruch auf eine bestimmte Finanzierungshöhe? Dabei muss man sagen: nicht absolut. Man kann meiner Ansicht nach keine Verfassungsbeschwerde dahingehend erheben, dass die Deutsche Welle beantragt, wir brauchen 800 Millionen DM oder einen anderen Betrag. Wenn ein solcher Anspruch – ich sage das mit einer gewissen Vorsicht – überhaupt verfassungsrechtlich herleitbar ist, bezieht er sich darauf, dass der

Bund im Rahmen seiner Budgetverantwortung – ich sagte: Das Budgetrecht ist stark in diesem Fall – Kürzungen aufgabengerecht begründet. Das kann er nur, wenn er dafür Indizes hat, die mittelfristig wirken. Es müsste etwas in die Richtung geschehen, wie das die KEF auch tut, dass man einen Finanzbedarf allgemein ermittelt, etwa einen Musterfinanzbedarf festlegt, und zwar speziell für die DW, die offensichtlich eigenen Sachgesetzmäßigkeiten unterliegt. Damit würde dem parlamentarischen Gesetzgeber ein Rechtfertigungstableau zur Verfügung gestellt. Dies hätte nicht in dem Sinne zu erfolgen, dass er sich zunächst argumentativ daraus bedienen kann und Rechtfertigungen für die Kürzung hat, sondern umgekehrt: dass er mit seinen Kürzungsanliegen oder mit seinen verweigerten Erhöhungen auch Sachaussagen treffen muss. Er muss eine Begründung nachschieben, warum und in welchem Umfang. Letztlich meine ich, kann er sich über ein solches Votum hinwegsetzen. Aber er wird an seine verfassungsrechtlich bestehende Verantwortung erinnert, nicht nur eine Aufgabe gesetzlich auf eine Verwaltungseinheit zu übertragen, sondern sie dann auch mit angemessenen Finanzmitteln auszustatten. Aber diese Konnexität zwischen Aufgabe und Finanzierung ist nicht nur in diesem Bereich, sondern im allgemeinen Bereich der Staatspraxis ein heiß umstrittenes Thema. Da muss man auch mit zu starken verfassungsrechtlichen Bindungen des Gesetzgebers sehr vorsichtig sein. Ein Gesetzgeber, der unter Spardruck steht, den können wir nicht von Verfassungs wegen ohne weiteres zwingen, an einer Stelle nicht zu sparen und an einer anderen Stelle womöglich umso mehr.

Prof. Dr. Dieter Dörr
Bevor ich an Herrn Schiedermair das Wort weitergebe, habe ich noch eine Nachfrage, die mich im Zusammenhang mit dieser Diskussion sehr interessiert. Die Bindung der Landesgesetzgeber an das Votum der KEF ist nach dem Wortlaut des Urteils des Bundesverfassungsgerichts sehr weitreichend. Dort heißt es zwar, es darf abgewichen werden. Aber es werden im Wesentlichen zwei ausformulierte Gründe angegeben. Es wird auch gesagt, dies müsse gerichtlich überprüfbar sein. Die Landesrundfunkanstalten hätten das Recht, wenn abgewichen wird, dies auch gerichtlich überprüfen zu lassen. Wie weit würde sich denn, Ihrer Vorstellung nach, die Bindung bei der DW davon unterscheiden? Sie haben gesagt, dort sei sie auf jeden Fall schwächer.

Prof. Dr. Dr. Udo Di Fabio
Die Bindung wäre schwächer. Das bedeutet, hier könnte man ähnlich wie bei einer Ermessensentscheidung nur überprüfen, ob sich der Bund sachgerecht mit den Gründen auseinandergesetzt hat, die vom Vorschlag einer solchen unabhängigen Kommission abweichen. Ich würde den Gesetzgeber hier nicht so stark limitieren, wie das beim öffentlich-rechtlichen Rundfunk in Länderverantwortung geschieht.

Prof. Dr. Hartmut Schiedermair
Ich erlaube mir drei kurze Bemerkungen.

1. Bemerkung: Herr Bethge, Sie haben an meinem reinen Glauben zu Art. 5 Abs. 1 GG im Verhältnis zur Deutschen Welle Zweifel angemeldet. Wenn ich mich nicht klar ausgedrückt habe, will ich versuchen, es auf einen Satz zu bringen. Wenn sich der Gesetzgeber, wie er es im Bundesrundfunkgesetz getan hat, dazu entschließt, zur Pflege der auswärtigen Beziehungen sich einer Rundfunkanstalt und nicht des Auswärtigen Amtes zu bedienen, dann muss er auch den freiheitlichen Status der Rundfunkanstalt nach Art. 5 Abs. 1 GG zur Kenntnis nehmen und respektieren.

2. Bemerkung: Was ich aus der Diskussion gelernt habe – dies ist wirklich des Nachdenkens wert – sind zwei Fragen. Die erste Frage lautet: Was heißt „funktionsgerechte Finanzausstattung" bei der DW? Wir haben bei den Landesrundfunkanstalten durch das Bundesverfassungsgericht relativ sicheren Boden unter den Füßen, hier aber eben noch nicht. Was heißt funktionsgerecht? Dies ist einmal die Frage der Aufgabe, um die wir den ganzen Tag gerungen haben. Was ist im Hinblick auf die Globalisierung, die neuen Medien und ähnliche Entwicklungen Aufgabe der DW? Die Antwort darauf ist dann sozusagen im Finanzbedarf umzurechnen. Bei der zweiten Frage geht es um Folgendes: Gehört zur funktionsgerechten Finanzausstattung der DW auch das Recht, das die Landesrundfunkanstalten nach dem System des Bundesverfassungsgerichts für sich in Anspruch nehmen, das Recht auf die Vorgabe der Bedarfsanmeldung? Das Verfahren in der KEF sieht doch vor, dass die Rundfunkanstalten ihren Bedarf anmelden. Dies ist von enormer präjudizieller Wirkung, da die KEF nur einen begrenzten Prüfungsauftrag hat. Sie kann nach den Maßstäben der Wirtschaftlichkeit, der Sparsamkeit, der Interessen des Steuerzahlers und überdies die Aufgabenbezogenheit des angemeldeten Finanzbedarfs prüfen. Es ist einzuräumen, dass dem Gesetzgeber bei alledem ein erheblicher Gestaltungsfreiraum zur Verfügung steht, weil er dem Votum der KEF nicht unbedingt folgen muss. Wenn er jedoch vom Votum der KEF abweicht, muss er dies begründen. Auf diese Weise ist auch der DW, ebenso wie den Landesrundfunkanstalten, im Rahmen der funktionsgerechten Finanzausstattung das Recht einzuräumen, ihren Finanzbedarf in einem KEF-Verfahren anzumelden.

Mit meiner dritten und letzten Bemerkung wende ich mich an Herrn Di Fabio. In der Tat gibt es den Konflikt zwischen dem Budgetrecht und der Rundfunkfreiheit. Diese beiden Aspekte fein abgestimmt zu einem Ausgleich zu bringen, ist immens schwierig. Dabei ist jedoch zu bedenken, dass es, abgesehen von der verfassungsrechtlichen Ebene, auch eine praktische Lösung gibt. Diese Lösung ergibt sich aus dem Begründungszwang des Bundesgesetzgebers, den das KEF-System notwendig provoziert. Ich glaube, in der Praxis wäre viel geholfen, um skandalösen oder auch nur unzulässigen Steuerungsversuchen entgegen zu wirken. Der Begründungszwang ist schon deshalb wichtig, weil über die Begründung auch öffentlich diskutiert werden kann. An dieser Diskussion kann sich nicht zuletzt die DW durch ihre Öffentlichkeitsarbeit selbst beteiligen. Dies ist, wie ich einräume, kein juristisches, aber ein praktisch politisches Argument. Dies wäre eine wichtige Position, die ich, wenn ich mir die Sache der Deutschen Welle zu Eigen machte, überdenken würde.

Detlev Troppens, Bundeskanzleramt, Bonn

Ich habe eine Frage an Prof. Di Fabio. Sie sagten, es wäre verfassungsrechtlich schwierig, wenn die Deutsche Welle nach Karlsruhe ginge mit dem Argument, sie brauche beispielsweise mal 800 Millionen DM. Aber wie wäre es, wenn der Gesetzgeber tatsächlich, trotz vorgelegter Programmschemata, die auch längerfristig sind, entgegen Ihren Voraussetzungen seine Ablehnung nicht begründet? Wäre sie dann ebenso schutzlos gestellt, oder hätte sie dann, weil der Gesetzgeber auch gegen Ihre Vorgaben verstoßen würde, einen verfassungsrechtlichen Anspruch, um nach Karlsruhe gehen zu können?

Prof. Dr. Dr. Udo Di Fabio

Ja, wenn man der Auffassung ist, dass bereits der Schutz des Artikel 5 Abs. 1 Satz 2 GG für die Deutsche Welle auch im Bereich der Infrastrukturgewährleistung besteht. Ich hatte mich dahingehend vorsichtig geäußert, dass es einen Weg geben könnte. Wie weit man diesen Weg schon als begehbar ansehen kann, so dass bereits ein fester grundrechtlicher Anspruch für eine Anstalt des Bundes besteht, das würde sich im Streitfall sicherlich der 1. Senat des Bundesverfassungsgerichts zu überlegen haben. Als Wissenschaftler kann ich keine sichere Voraussage wagen, ob schon ja gesagt würde. Wenn man aber ja sagt, dann hätte das in der Tat zur Konsequenz, dass Mindestanforderungen an das Verfahren der Finanzbewilligung zu stellen sind. Wie die dann genau definiert werden, das würde sorgfältig zu überlegen sein. Aber grundsätzlich wäre eine sachliche Auseinandersetzung mit dem dokumentierten Finanzbedarf – auch bei Ermittlung durch eine unabhängige Sachverständigen-Kommission – nötig. Wenn das ersichtlich nicht erfolgt ist, würde man, ähnlich wie bei der Willkürrechtsprechung vielleicht sagen, das reicht nicht aus, um der verfassungsrechtlichen Gewährleistung aus Artikel 5 Abs. 1 Satz 2 hier genügend Rechnung zu tragen.

Anton-Josef Cremer

Ich muss mich im Anschluss an die Frage des Kollegen Troppens doch noch einmal an Prof. Di Fabio wenden. Sie sagten, die DW befinde sich auf dem Weg in Richtung Artikel 5 Abs 1. Satz 2. Bei der Frage des Kollegen Troppens nach der Klagemöglichkeit liegt natürlich die weitere Frage nahe: Wenn die DW erst auf dem Weg ist, wann kommt sie an? Und: Kann der einfache Gesetzgeber diesen Weg möglicherweise im Rollback-Verfahren wieder zurückholen? Da wäre man wieder bei mittelbarer Staatsverwaltung. Das wäre eine spannende Frage.

Prof. Dr. Dr. Udo Di Fabio

In der Tat, das wäre eine spannende Frage. Um das noch einmal zu präzisieren: Natürlich ist die Deutsche Welle nicht in jedem Gewährleistungsgehalt des Artikel 5. Abs. 1 Satz 2 erst auf dem Weg. Insofern besteht keine Divergenz zu Herrn Ossenbühl. Was die eigentliche Rundfunkfreiheit im Sinne ihres Abwehrrechts angeht: Dieses

Recht hat die DW, seitdem sie Rundfunk veranstaltet. Es geht um die Frage, ob sie gegen den Staat Finanzierungsansprüche und Ansprüche auf ein bestimmtes Verfahren hat. Das ist für eine Bundesanstalt einigermaßen ungewöhnlich und bedarf deshalb besonderer Rechtfertigung. Das ist der Punkt, wo ich sie auf dem Weg wähne und zugeben muss, dass ich nicht weiß, wie man die Frage in einem solchen Verfassungs-rechtsstreit heute zu beantworten hätte. Ich wüsste es auch wissenschaftlich nicht genau zu begründen. Das reduziert zwar keine Komplexität, aber manchmal sind Rechtsfragen vorweg nicht klar beantwortbar. Wenn ich Anwalt wäre und müsste die Deutsche Welle beraten, würde ich das genauso sagen müssen. Es wäre einfach blau-äugig hier zu sagen, ja selbstverständlich kann sich die DW darauf berufen.

Aber eines muss man auch berücksichtigen. Das ist vielleicht auch eine taktische Frage für die DW. Je weiter man das Grundrecht aus Artikel 5 Abs. 1 Satz 2 für die Deutsche Welle in Anspruch nimmt, desto mehr setzt man sich auch der politisch-praktischen Gefahr aus, dass der Bund sich wieder daran erinnert, dieses Geschöpf in die Welt gesetzt zu haben. Der Bund könnte – so weit ist die innerstaatlich unent-behrliche Infrastrukturleistung der DW noch nicht gediehen – sie auch wieder zurück-nehmen. Ich könnte mir vorstellen, dass der Bund sagt: Dieselbe Funktion kann auch erfüllt werden, wenn ARD und ZDF die Funktion der Auslandsberichterstattung übernehmen. Dann würde womöglich ein DW-Abwicklungsgesetz verabschiedet. Das sollte man sich auch überlegen, wenn man hier immer die Rundfunkfreiheit so stark in den Vordergrund rückt.

Dr. Reinhard Hartstein

Es ist oft so, dass die Diskussion sich dem Ende zuneigt, wenn sie erst richtig beginnt. Ich habe den Eindruck, jetzt kommen wir allmählich an die Themen heran, die wirklich spannend sind.

Ich möchte auf einen Punkt näher eingehen. Die letzte Bemerkung von Prof. Di Fabio und eine Bemerkung von Prof. Schiedermair passen sehr schön zueinander. Sie haben gesagt: Der Bund bedient sich einer Rundfunkanstalt, also muss er sich auch an die Regeln halten. Diesen Aspekt muss man ausloten. Da muss man einiges dazu sagen. Der Bund bedient sich nicht nur der Rundfunkanstalt, er nutzt die gewaltigen Vorteile. Er nutzt die Vorteile des ARD/ZDF-Verbundes wirtschaftlich. Er nutzt die hohe Glaubwürdigkeit dieser Rundfunkanstalt, die er bei einer bloßen Öffentlichkeits-arbeit nicht hätte.

Selbstverständlich würden ARD und ZDF, um die letzte Bemerkung aufzugreifen, den Auslandsrundfunk nicht so betreiben, wie wir ihn betreiben. Bei uns findet doch etwas anderes statt. Wir orientieren uns stark an Bundesinteressen gemeinsam mit plural zusammengesetzten Gremien, wo staatsunabhängige Vertreter aus anderen gesellschaftlichen Gruppen, die aber außenpolitischen Bezug haben, mitdiskutieren und das Programm im besten Sinne beeinflussen. Daraus entwickelt sich ein Inhalt, den der Bund so alleine nicht schöpfen könnte. Der Inhalt käme mit den Gremien von ARD und ZDF, die inlandsbezogen und völlig anders zusammengesetzt sind, selbstverständlich in dieser Form auch nicht zustande. Es ist sehr wohl richtig: Wenn der Bund diesen Zweck mit einer Bundesrundfunkanstalt zweckmäßigerweise erfüllt, dann muss er sich auch an die Folgerungen halten. Er kann nicht sagen, ich nutze zwar die wirtschaftlichen und die publizistischen Vorteile sowie die Glaubwürdigkeit, aber die Nachteile – mehr Bindungen hinsichtlich der Grundrechtsgewährleistung – will ich nicht haben, da gehe ich zur Willkür über.

Jetzt kommen wir zur Frage: Wie geht das mit der Aufgabenfeststellung? Man muss schon die Praxis im Auge haben. Den konkreten Sachverhalt können wir hier nicht lösen, das ist nicht die Aufgabe dieses Forums. Man muss aber sehen, wie es zurzeit läuft. Wir als Deutsche Welle stehen nicht auf dem Standpunkt, dass die Aufgabenerfüllung und auch die Aufgabenfestlegung staatsunabhängig stattfinden sollen. So, wie der Inlandsrundfunk einen Funktionsbezug der Finanzierung hat, so hat auch der Auslandsrundfunk einen derartigen Funktionsbezug. Die Funktion ist im Gesetz nicht abschließend beschrieben; sie unterliegt ständigen Veränderungen.

Beispiel: Es entbrennt ein Krieg, plötzlich bzw. nicht vorhersehbar, im Kosovo. Man kann dann nicht das Bundesgesetz ändern. Aber es entsteht eine Berichterstattungspflicht im deutschen außenpolitischen Interesse, auch übrigens im humanitären und auch im weltpolitischen Interesse. Der Bund – Auswärtiges Amt – erklärt mit zwei Briefen: DW, mache hier Programm. Auf Beamtenebene wird gesagt: Wir sorgen dafür, dass das finanziert wird. Das Parlament ist noch gar nicht beteiligt. Wir müssen aber beginnen zu senden. Wir verdreifachen unsere Programme für diese Region, dadurch entstehen Zusatzkosten in Höhe von 15 Millionen DM. Anschließend will keiner mehr etwas von der Finanzierung wissen. Wir beenden das Haushaltsjahr 1999 mit einem darauf bezogenen Haushaltsdefizit von 13,5 Millionen DM. Nachdem sich einige Abgeordnete der Regierungskoalition dafür einsetzen, erhalten wir dann zehn Millionen DM. Auf den restlichen 3,5 Millionen DM bleiben wir sitzen. Das ist der aktuelle Stand.

Meine Frage an Prof. Di Fabio: Wie ist das jetzt mit der Begründung im Parlament? Wer begründet da was? Die Höhe der Finanzierung ist im Haushaltsausschuss beschlossen worden. Ich glaube, die Ansicht, ein Parlament müsse Abweichungen von einer Finanzierungsempfehlung begründen, ist zu kurz gesprungen. Ein Parlament, das sein Budgetrecht wahrnimmt, kann Abweichungen gar nicht begründen. Das funktioniert nicht. Ich glaube, der Mechanismus muss anders sein. Es muss schon von vornherein bei der Aufgabenfestlegung mit offenem Visier angetreten werden. Ich glaube, Prof. Schiedermair hat das heute erwähnt: Es gibt diesen in die Diskussion eingebrachten Trennungsgrundsatz, der beim Inlandsrundfunk vom Verfassungsgericht sehr stark betont worden ist. Der Gesetzgeber muss mit offenem Visier antreten. Er darf nicht unter dem Deckmantel der Finanzierung etwas ganz anderes wollen. Er darf nicht der DW 80 Millionen DM streichen und sich denken und im Ministerium diskutieren: Dann muss die DW das Fernsehen streichen. Das war beabsichtigt, aber man hat es sich nicht öffentlich zu sagen getraut, dass man das Fernsehen der DW streichen wollte. Hätte man es gesagt, wäre ein Protest ausgebrochen.

Es ist also richtig, anders vorzugehen. Man muss fragen: Was ist der Funktionsauftrag? Da darf der Staat Einfluss nehmen, denn wir sind eben nicht eine Inlandsrundfunkanstalt. Da muss es einen Mechanismus geben, der diesen Ablauf in einer einwandfreien Form in aller Öffentlichkeit festlegt, vielleicht partiell per Gesetz, aber durchaus auch in einer untergesetzlichen Ebene, wie es die Aufgabenplanung vorsieht. Aber dann, wenn die Aufgaben der Deutschen Welle beschrieben sind, wenn die Ausweitung der Kosovo-Berichterstattung festgelegt ist, dann ist all das nach meinem Dafürhalten auch zu finanzieren. Dann muss auch in einer staatsunabhängigen Form gerechnet werden, wie viel das kostet.

Sind die Aufgaben festgelegt, ist es mit der Begründung bei Abweichungen nicht mehr weit her. Auch die Länder können von der Gebührenempfehlung der KEF theoretisch abweichen und praktisch funktioniert das nicht. Einfach deshalb, weil 16 Landesparlamente Abweichungen nicht wirklich begründen können. In Wirklichkeit setzen sich Beamte der Staatskanzleien in Referenten-Besprechungen zusammen. Kein Außenstehender erfährt, was da besprochen wird. Am Ende wird ein anderes Ergebnis beschlossen. So wäre es auch beim Budgetrecht des Parlaments. Im Bundeskulturministerium könnte in einer Besprechung, wo wir nicht zugegen sind, mit den Beamten des Finanzministeriums vereinbart werden, bei der DW 20 Millionen DM zu kürzen. Hinterher wird das Ergebnis über die Abgeordneten der Regierungskoalition durchgesetzt. Das war dann das Budgetrecht des Parlaments mit der anschließenden Begründung, die von Beamten vorformuliert ist und von niemandem in der parlamentarischen Landschaft nachvollzogen wird.

Prof. Dr. Dieter Dörr
Ich glaube, dass die Praxis des bisherigen Verfahrens durchaus die Fragestellungen und Probleme deutlich macht, und es ist sehr erhellend, sich mit dieser Praxis einmal intensiver zu befassen und zu sehen, wie das Verfahren eigentlich bisher abgelaufen ist. Da ist von Begründung oder Abweichung, soweit ich das sehe, bisher überhaupt keine Rede. Deshalb sind die Forderungen, die alle Referenten aufgestellt haben, schon sehr folgenreich. Wenn ich das einmal rekapituliere, ist das jetzige Verfahren nach keiner Auffassung in Ordnung, selbst wenn man die vorsichtige Position von Herrn Di Fabio einnimmt: Das gibt immerhin Anlass zum Nachdenken. Aber bevor ich einige Aspekte, die in allen Referaten angesprochen wurden, noch einmal kurz Revue passieren lasse, wollte ich noch den beiden Diskussionsteilnehmern Gelegenheit für ein Schlusswort geben. Ich fange mit Herrn Di Fabio an und werde dann zu Herrn Schiedermair überleiten.

Prof. Dr. Dr. Udo Di Fabio
Zunächst nutze ich die Gelegenheit des Schlusswortes, um noch einmal zu dieser konkreten Konstellation etwas zu sagen, die gerade präsentiert worden ist: nämlich ein Fall des Missbrauchs bei der Frage der Finanzausstattung. Wenn es tatsächlich so sein sollte, dass die verantwortlichen Vertreter des Bundes die Finanzierung gezielt

so reduzieren, um etwa die DW zur Einstellung ihrer Fernsehaktivitäten zu bringen, wäre das eine Obstruktion des Gesetzeszwecks. Denn das Gesetz sieht ausdrücklich Rundfunk im Vollsinne, also Hörfunk und Fernsehen, vor. Wenn beim Vollzug dieses Gesetzes eine Behörde versucht, diesen Gesetzeszweck auszuhebeln, ist das ein Verstoß gegen das Gesetz. So etwas wäre auch unter rechtsstaatlichen Gesichtspunkten – weniger wegen Artikel 5 – hochproblematisch. Aber die Obstruktion muss belegbar sein.

Dann möchte ich das Schlusswort zu einer allgemeinen Bemerkung nutzen. Die Diskussion hat mir sehr viel gebracht. Sie zeigt nämlich, dass sich die Sachgebiete häufen, wo die klare Grenze zwischen Staat und Gesellschaft zu verschwimmen beginnt. Das ist ein interessantes Phänomen. Ich könnte gar nicht aufzählen, wo überall solche Grenzüberschreitungen stattfinden. Das gilt jedenfalls auch für einen Bereich, den man früher vielleicht einfach dem Auswärtigen – einer klassischen Staatsdomäne also – zugeschlagen hätte. Hier beginnt tatsächlich diese Grenzziehung zu oszillieren – also unscharf zu werden, wobei wir als Juristen aber dennoch immer wieder die Grenze betonen und ziehen müssen, wenngleich wir mitunter zu Aussagen kommen, die die Praxis nicht befriedigen kann, weil es eben Übergangsfelder sind. Das ist aber auch zugleich der besondere Reiz, der das Medienrecht im Allgemeinen so spannend für die wissenschaftliche Beschäftigung macht. Das sollte aber kein Selbstzweck sein. Die Wissenschaft ist letztlich aufgerufen, tatsächlich doch Komplexität zu reduzieren, und da bin ich mit Herrn Bethge einig, dass das letztlich unser Ziel sein muss. Aber in diesem Feld haben wir wohl noch einiges zu leisten.

Prof. Dr. Hartmut Schiedermair
Zunächst eine kurze Bemerkung zum Beitrag von Ihnen, Herr Hartstein. Ihr Beispiel des Fernsehens der DW macht den Trennungsgrundsatz des Bundesverfassungsgerichts noch einmal deutlich. Wenn ich es richtig verstanden habe, sagt das Bundesverfassungsgericht: Selbstverständlich kann der Gesetzgeber entscheiden, dass es kein Fernsehen bei der DW geben soll. Diese Entscheidung kann er jedoch nur im Mediengesetz treffen. Da muss er bei der Aufgabenbestimmung der DW deutlich Farbe bekennen. Mit dem Haushaltsgesetz geht dies alles jedoch nicht, weil es hier wegen des immer möglichen Verschleierungseffektes zu jenem Umgehungsgeschäft kommen kann, von dem Sie, Herr Hartstein, eben geredet haben. Hier findet das Budgetrecht, Herr Di Fabio, seine rechtliche Grenze, die ich nur aus Art. 5 Abs. 1 GG ableiten kann.

Ein Schlusswort soll diese Bemerkung aber nicht sein. Allerdings habe ich, offen gesagt, das Gefühl, alles, was ich heute sagen wollte, bei Ihnen auch wirklich losgeworden zu sein. Unter diesen Umständen und nach den eindrucksvollen, grundsätzlichen Bemerkungen von Herrn Di Fabio kann ich zum Schluss nur noch sagen: Mir fällt im Moment nichts mehr ein.

Prof. Dr. Dieter Dörr

Zusammenfassung der Ergebnisse

Es wäre vermessen, wenn ich versuchen würde, die Ergebnisse des Symposiums insgesamt zusammenzufassen. Aber ich möchte drei Bemerkungen zu ganz zentralen Aspekten machen.

Zunächst ist für mich sehr deutlich geworden, dass die Frage der Rundfunkfreiheit für die DW unter Umständen doch sehr differenziert und sehr genau beantwortet werden muss. Überwiegend wurde im Ergebnis die Auffassung vertreten, dass die DW sich wie eine Landesrundfunkanstalt auf die Rundfunkfreiheit berufen kann, wenn auch mit unterschiedlichen Begründungen. Ich teile dieses Ergebnis, das ich auch vorgetragen habe. Herr Di Fabio hat eine differenzierte Position eingenommen, vor allem, was den Anspruch auf funktionsgerechte Finanzierung und was überhaupt die organisatorische Ausstattung einer Rundfunkanstalt betrifft. Andere – wie Herr Schiedermair – haben entscheidend darauf abgestellt, dass der Bund, wenn er den Auslandsrundfunk mit einer echten Rundfunkanstalt betreibt, den vollen Bindungen der Rundfunkfreiheit unterliegt und entsprechend auch für eine funktionsgerechte Finanzierung zu sorgen hat.

Insgesamt war eine deutliche Tendenz festzustellen, dass diesen Gesichtspunkten auch bei der Ausgestaltung des Verfahrens zur Ermittlung der Finanzausstattung in gewisser Weise Rechnung zu tragen ist. Man kann aber – und das war übereinstimmende Auffassung – die Anforderungen, die das Bundesverfassungsgericht im 8. Rundfunkurteil in der Gebührenentscheidung entwickelt hat, nur sinngemäß und nur teilweise übertragen. Man muss beachten, dass wir bei der DW eine Steuerfinanzierung haben, dass dort das Budgetrecht eine Rolle spielt, was bei der Gebührenfinanzierung erkennbar anders ist. Außerdem muss man beachten, dass die Aufgabenbeschreibung nicht in gleicher Weise möglich ist und auch einen ganz anderen Ansatz hat als bei den Landesrundfunkanstalten. Wie das Verfahren ausgestaltet werden muss, wie weit dies von der Rundfunkfreiheit vorgegeben ist, da gingen die Meinungen ein Stück weit auseinander. Herr Di Fabio hat sich vorsichtig und zurückhaltend geäußert. Er hat auch darauf hingewiesen, dass es schwer ist, zu einem abschließenden Urteil zu kommen, dass aber gewisse verfahrensrechtliche Sicherungen zumindest durchaus sachgerecht und ein Stück weit auch geboten sind, um Willkür auszuschließen. Herr Schiedermair – und auch heute Morgen eigentlich alle Referenten – haben deutlich darauf hingewiesen, dass zumindest ein dem KEF-Verfahren ähnliches Verfahren, also ein Verfahren mit Einschaltung einer Sachverständigen-Kommission sachgerecht und auch geboten ist. Dies ist eine Grundrechtssicherung durch ein besonderes Verfahren, wobei sie alle der Meinung waren, die Rundfunkfreiheit gelte für die DW.

Überwiegend wurde es so gesehen, dass Abweichungen von einem Vorschlag einer Sachverständigen-Kommission leichter möglich sind als bei den Landesrundfunk-anstalten, weil das Haushaltsrecht anders als ein Gebührenfestsetzungsverfahren zu bewerten ist. Wie die Einzelheiten aussehen werden, darüber hat natürlich der Gesetzgeber zu befinden. Es war die einhellige Auffassung, dass – wie immer im Rundfunkrecht – hier auch ein Gestaltungsspielraum für den Gesetzgeber besteht. Das ist aus meiner Sicht als wesentliches Ergebnis zusammenzufassen. Ich möchte betonen, dass es sich um ein weitreichendes Ergebnis handelt. Denn nach meiner Wahrnehmung bestand Einhelligkeit, dass das bisherige Verfahren zumindest verfas-sungsrechtlich bedenklich ist und nach überwiegender Auffassung so den verfassungs-rechtlichen Vorgaben nicht genügt. Wir haben kein Verfahren, wonach der Finanzbedarf zu ermitteln ist, und wir haben keine Regelungen, dass Abweichungen zu begründen sind.

Wir können damit für den Finanzierungsanspruch zwar verfassungsrechtlich keine Höhe vorgeben. Das kann aber auch niemand erwarten. Das ist auch bei den Landes-rundfunkanstalten nicht anders. Ein solches Verfahren hätte aber weitreichende prak-tische Folgen, wenn es so umgestaltet würde. Es würde zu Planungssicherheit und – wenn man sich dem KEF-Verfahren nähert – natürlich auch zu gewissen Perioden mittelfristiger Finanzplanungen führen.

Es wird spannend sein, ob sich der Gesetzgeber einen solchen Vorschlag zu Eigen macht. Ich finde die Frage vor allem deshalb interessant, das sage ich als persönliche Bemerkung zum Abschluss, weil die jetzigen Regierungsparteien, als das DW-Gesetz beraten wurde, in ihren Forderungen sehr weit in diese Richtung gingen. Nun hätten sie es in der Hand, diese Forderungen, die sie damals selbst aufgestellt haben, auch umzusetzen. Aber manchmal ändern sich die Sichtweisen, wenn man von der Oppo-sition an die Regierung gerät. Aber ich hoffe im Interesse der DW, aber nicht nur in deren, sondern auch im Interesse der Rundfunkfreiheit, auf eine solche gesetzliche Regelung. Dies ist meine eigene Position, die über die Auffassung von Herrn Di Fabio hinausgeht. Ich komme, nachdem ich das sehr differenziert geprüft habe – wenn auch mit etwas anderer Argumentation als Herr Schiedermair, dessen Ansatz ich sehr interessant fand – zu dem Ergebnis, dass die Rundfunkfreiheit ganz uneingeschränkt gilt. Deshalb wäre ich im Interesse der Rundfunkfreiheit sehr daran interessiert, dass der Gesetzgeber dem Rechnung trägt. Es wäre ein Ergebnis, was der Außendarstellung der Bundesrepublik Deutschland durch den Rundfunk zugute kommt und deshalb auch im deutschen Interesse liegt.

Dr. Reinhard Hartstein
Namens des Hauses danke ich den Professoren – Prof. Dörr, Prof. Di Fabio, Prof. Schiedermair, Prof. Bethge, Prof. Ricker und Prof. Holznagel – sehr herzlich für diese

interessanten Beiträge. Wir bedanken uns als DW auch bei den Teilnehmern hier im Publikum, die sehr rege an den Diskussionen teilgenommen und bis zum Schluss ausgeharrt haben. Es war eine außerordentlich interessante Veranstaltung. Ich glaube, dass es im Interesse aller ist, sagen zu können, dass mit dieser Veranstaltung eine wissenschaftliche Diskussion begonnen wurde, die noch fortgeführt werden wird.

Die Referenten

Prof. Dr. Herbert Bethge
Inhaber des Lehrstuhls für Staats- und Verwaltungsrecht sowie Wirtschaftsverwaltungs-
recht an der Universität Passau seit 1978
Bethge, 1939 in Sachsen-Anhalt geboren, floh 1958 aus der DDR und studierte Jura
in Berlin. 1976 wurde er an der Universität Köln habilitiert. Er ist Gastprofessor für
„Medienrecht und Recht der Neuen Medien" an der Universität Saarbrücken. Zu den
Schwerpunkten seiner wissenschaftlichen Tätigkeit gehören Medien-, Staats-, Gerichts-
verfahrens- und Staatshaftungsrecht.
Kontakt: Tel. 08 51/5 09-22 20

Prof. Dr. Dr. Udo Di Fabio
Inhaber des Lehrstuhls für Öffentliches Recht und Verfassungsgeschichte an der
Ludwig-Maximilians-Universität in München seit 1997 und Richter im Zweiten Senat
des Bundesverfassungsgerichtes seit 1999
Di Fabio, geboren 1954 in Walsum, war nach dem Jura-Studium zunächst Richter
beim Sozialgericht Duisburg, anschließend wissenschaftlicher Assistent am Institut
für Öffentliches Recht der Universität Bonn. Nach der Habilitation 1993 lehrte er
Öffentliches Recht an der Universität Münster und Staats- und Verwaltungsrecht in
Trier.
Kontakt: Tel. 0 89/21 80-33 35

Prof. Dr. Dieter Dörr
Inhaber des Lehrstuhls für Öffentliches Recht einschließlich Völker- und Europarecht
an der Johannes-Gutenberg-Universität in Mainz seit 1995
Dörr, geboren 1952 in Tübingen, war nach dem Jurastudium wissenschaftlicher Mit-
arbeiter am Institut für Völkerrecht und ausländisches öffentliches Recht der Universität
Köln. Nach der Habilitation 1987 erhielt er eine Professur am Institut für internationale
Angelegenheiten der Universität Hamburg. Von 1990 bis 1995 bekleidete er das Amt
des Justitiars beim Saarländischen Rundfunk. Seit Januar 2000 leitet Dörr das Mainzer
Medieninstitut.
Kontakt: Tel. 0 61 31/3 92 30 44

Prof. Dr. Bernd Holznagel, LL. M.
Professor für Staats- und Verwaltungsrecht an der Westfälischen Wilhelms-Universität in Münster seit 1997
Holznagel, geboren 1957 in Lehrte, studierte Rechtswissenschaft und Soziologie in Berlin und Montreal. Nach seiner Promotion war er bis 1995 Hochschulassistent am Fachbereich Rechtswissenschaft der Universität Hamburg, die Habilitation folgte 1996. Zu seinen Forschungsgebieten zählen das Staats- und Verwaltungsrecht und hier insbesondere das Rundfunk- und Telekommunikationsrecht.
Kontakt: Tel. 02 51/83-2 84 11

Prof. Dr. Reinhart Ricker
Professor für Medienrecht und Medienpolitik am Institut für Publizistik der Johannes-Gutenberg-Universität in Mainz seit 1980
Ricker, geboren 1944 in Königstein/Taunus, studierte Jura, Publizistik, Politikwissenschaft und Buchwesen in Frankfurt/Main und Mainz. Von 1974 bis 1980 war er Lehrbeauftragter am Mainzer Institut für Publizistik. Zwischen 1981 und 1983 gehörte er der Enquete-Kommission des Deutschen Bundestages für die neuen Informations- und Kommunikationstechnologien an, anschließend war er stellvertretender Vorsitzender der Medienkomission der Länder. Ricker war von 1985 bis 1989 Mitglied der Bundestagskommission „Zukunft der Medien".
Kontakt: Tel. 0 61 31/39-2 37 47

Prof. Dr. Hartmut Schiedermair
Professor für Öffentliches Recht, Völkerrecht und Rechtsphilosophie und Direktor des Instituts für Völkerrecht und ausländisches öffentliches Recht an der Universität zu Köln seit 1983
Schiedermair, geboren 1936 in Bonn, war nach dem Philosophie- und Jura-Studium zunächst Referent im Max-Planck-Institut für Völkerrecht und ausländisches öffentliches Recht in Heidelberg sowie Dozent für öffentliches Recht an der Verwaltungs- und Wirtschaftsakademie Baden in Karlsruhe. Im Anschluss an seine Habilitation 1974 und eine Tätigkeit beim wissenschaftlichen Dienst des Bundesverfassungsgerichts wurde er 1976 Professor für Staats-, Verwaltungs- und Völkerrecht an der Universität des Saarlandes in Saarbrücken. In den 80er-Jahren gehörte Schiedermair der Länderkommission zur Ermittlung des Finanzbedarfs der Rundfunkanstalten und bis 1993 dem Rundfunkrat des Deutschlandfunks an. Seit 1983 lehrt Schiedermair an der Universität zu Köln.
Kontakt: Tel. 02 21/4 70-23 64

DW-Schriftenreihe

Die Deutsche Welle (DW) gibt ihre Schriftenreihe mit dem Ziel heraus, den deutschen Auslandsrundfunk vor allem im Inland stärker zu positionieren. Die Reihe strebt durch verlässliche Information und strategische Dokumentation eine Profilierung der DW an, die zugleich die Kompetenz des Hauses widerspiegelt. Die verlegerische Betreuung der DW-Schriftenreihe durch den renommierten Berliner Medienverlag VISTAS ist Gewähr dafür, dass die Reihe einer größtmöglichen Fach-Öffentlichkeit bekannt und zugänglich gemacht wird.

DW-Schriftenreihe; Band 1

**DEUTSCHE WELLE – Die Rechtsnormen
des deutschen Auslandsrundfunks**

148 Seiten, A5, 2000
ISBN 3-89158-257-9   DM 30,–   ÖS 219,–   SFr 27,50

Der Band dokumentiert die für die Deutsche Welle gültigen Rechtsnormen. Er ist zugleich eine wichtige Quelle für alle, die sich in der aktuellen Kontroverse um Finanzierung und Ausgestaltung der DW fundiert informieren wollen.

DW-Schriftenreihe; Band 2

Stellung & Finanzierung des deutschen Auslandsrundfunks
DW-Symposium März 2000, Dokumentation

104 Seiten, A5, 2000
ISBN 3-89158-291-9   DM 30,–   ÖS 219,–   SFr 27,50

Die Deutsche Welle (DW) muss aufgrund von Vorgaben der Bundesregierung ihren Etat bis zum Jahre 2003 um über 13 Prozent kürzen. Medienexerten und Juristen fragen besorgt, wie die Etatkürzungen des Bundes mit der Rundfunkfreiheit der Deutschen Welle in Einklang zu bringen sind. Renommierte Medienrechtler zeigen in diesem Band die verfassungsrechtliche Problematik auf und stellen Lösungen vor.

VISTAS Verlag GmbH
Goltzstraße 11   Telefon: 030 / 32 70 74 46
D-10781 Berlin   Telefax: 030 / 32 70 74 55
E-Mail: medienverlag@vistas.de   Internet: www.vistas.de

Der Medienverlag